ADN
emprendedor

ADN emprendedor

Guía práctica para lograr el éxito empresarial

Fran Villalba Segarra

Prólogo de Juan Ramón Rallo

Papel certificado por el Forest Stewardship Council®

Penguin
Random House
Grupo Editorial

Primera edición: marzo de 2024

© 2024, Fran Villalba Segarra
© 2024, Juan Ramón Rallo, por el prólogo
© 2024, Sergio Parra, por la colaboración en los textos
© 2024, Penguin Random House Grupo Editorial, S. A. U.
Travessera de Gràcia, 47-49. 08021 Barcelona

Printed in Spain – Impreso en España

ISBN: 978-84-666-7805-6
Depósito legal: B-750-2024

Compuesto en Twist Editors

Impreso en Rodesa
Villatuerta (Navarra)

BS 7 8 0 5 6

Índice

Prólogo

La economía surge del hecho de que los recursos de los que disponemos son más escasos que las necesidades que pretendemos satisfacer con ellos. O, dicho de otro modo, la economía surge del hecho de que nuestros fines son más abundantes que los medios que poseemos para alcanzarlos. Y justamente porque las necesidades son más cuantiosas que los recursos, se hace necesario economizar esos recursos escasos: gestionarlos de tal manera que maximicemos la cantidad y la calidad de los fines que logramos a través de ellos.

Pero ¿a qué nos referimos exactamente con economizar los recursos escasos? Desde una perspectiva estrecha y estática podríamos caracterizar la economización de los recursos como el proceso de conservación y administración rigurosa de una masa dada de recursos para minimizar las pérdidas y los despilfarros y, por esa vía, maximizar su aprovechamiento útil. Imaginemos que, extraviados en medio del desierto, dispusiéramos de un depósito de 100 litros de agua: economizar el agua implicaría evitar las fugas que vayan vaciando el depósito, así como el uso temerario y negligente de esa agua; se trataría, pues, de reservar esos 100 litros para los consumos más importantes que podamos hacer de ellos en el futuro previniendo cualquier pérdida innecesaria.

Y sí, economizar también es eso, pero no es ni solo ni principalmente eso. Así, desde una perspectiva más amplia y dinámica, podemos caracterizar la economización de recursos como el proceso de creación de nuevas unidades y de nuevos usos para estos, de tal manera que la masa efectiva de medios a nuestra disposición se incremente y, con ella, la cantidad y calidad de fines que podamos llegar a satisfacer. Volviendo a nuestro ejemplo anterior: en lugar de conservar en las mejores condiciones posibles ese depósito de 100 litros de agua para asegurarnos de que cada gota se destine a su uso más valioso en el futuro, se trataría de multiplicar la disponibilidad efectiva de agua: ya sea con el descubrimiento de nuevos manantiales, el hallazgo de mecanismos más eficientes para su utilización y reutilización, el desarrollo de recursos sustitutivos del agua o su aplicación a la satisfacción de fines más importantes que los previamente conocidos. Todo ello permite que, a partir de una misma masa material de agua, multipliquemos su disponibilidad económica y, por ende, la cantidad y calidad de los fines que somos capaces de satisfacer.

En otras palabras: nuestras economías son sistemas de cooperación social encargados no solo de preservar la riqueza existente frente a su despilfarro banal, sino sobre todo de multiplicar la riqueza efectivamente disponible. Porque de esta manera también multiplicamos la cantidad y la calidad de las necesidades humanas que somos capaces de atender. Y la economía es la ciencia que estudia esos sistemas de cooperación social orientados a crear riqueza: más en concreto, estudia cuáles son los modos de estructurar la cooperación social que posibilitan una mejor economización de los recursos, esto es, que posibilitan incrementar en mayor medida la riqueza efectivamente disponible para los seres humanos.

A este respecto, podríamos simplificar diciendo que existen dos perspectivas extremas sobre cómo estructurar la cooperación social para crear riqueza: por un lado tendríamos los sistemas de cooperación centralizados y, por otro, los sistemas de cooperación descentralizados. En los primeros, toda la sociedad forma parte de un solo equipo de trabajo y se somete a unas mismas directrices: hay un centro de mando único que dicta a qué debe dedicarse cada persona y cómo ha de organizarse con el resto para crear riqueza. En cambio, en los sistemas de cooperación descentralizados, diferentes individuos integran distintos equipos de trabajo, cada uno de ellos sometido a sus propias directrices y a su propia cadena de mando, y estos equipos compiten a su vez entre sí tratando de generar una mayor riqueza que el resto.

¿Cuál de ambos sistemas de cooperación social, el centralizado o el descentralizado, tiende a arrojar mejores resultados en términos de multiplicación de la riqueza efectivamente disponible? Los sistemas descentralizados poseen una doble ventaja frente a los centralizados. Por un lado, y desde el punto de vista de los incentivos, aquellos equipos de trabajo que crean mayor riqueza que el resto serán los que proporcionen una mayor calidad de vida a sus integrantes, de modo que la competencia entre grupos espoleará el esfuerzo, la creatividad y la asunción de riesgos dentro de cada uno de esos equipos descentralizados . Por otro, y desde el punto de vista de la información, la presencia de diversos equipos, cada uno de ellos organizado de un modo heterogéneo al resto, permite una experimentación descentralizada sobre cómo crear riqueza: si no sabemos con certeza –como es el caso, de hecho– cuál es la mejor forma de expandir de forma continua los recursos efectivamente disponibles, es decir, si consideramos que el progreso técnico que permite incrementar la productividad no es maná caído del cielo sino el resultado de conjeturar, probar, evaluar y rectificar diversas fórmulas de organizarnos de manera productiva, entonces una sociedad donde se pongan en práctica a la vez decenas o centenares de miles de experimentos descentralizados tenderá a ser con el tiempo una sociedad más generadora de riqueza que aquella donde en cada momento tan solo se ponga en práctica un único experimento (o varios, pero todos ellos autorizados, supervisados y evaluados por la misma cadena de mando). A la postre, si un equipo de trabajo tiene éxito a la hora de descubrir nuevas formas de crear riqueza, el resto podrá copiarlo y amplificará con ello su propia productividad; a su vez, si un equipo fracasa estrepitosamente a la hora de generar riqueza (esto es, si la destruye), el resto podrá aprender qué caminos no deben seguir.

Pues bien, a cada uno de los equipos de trabajo orientados a crear riqueza dentro de una economía que estructura la cooperación social de manera descentralizada lo llamamos «empresa» (en realidad, «empresa mercantil»). Su propósito es coordinar del modo más eficiente posible los distintos recursos que posee para maximizar la creación social de riqueza: esta adopta la forma de mercancías, es decir, de bienes económicos que satisfacen necesidades humanas y que se colocan a la venta en el mercado.

De este modo, las empresas mercantiles crean valor para terceros (en última instancia, para los consumidores) y, así, generan riqueza para todos aquellos que han participado dentro de la empresa en ese proceso de creación de valor para terceros: a saber, del valor añadido (ingresos menos consumos intermedios) producido por la empresa, se pagan los salarios de los trabajadores y los beneficios, intereses o rentas de los capitalistas. Cuanto mayor sea ese valor añadido de una compañía, más elevados podrán ser los salarios de los trabajadores o los beneficios de los capitalistas (dependiendo de quién haya tenido más responsabilidad diferencial a la hora de generar la mayor parte de ese valor añadido). A la postre, el valor añadido de una empresa aumenta o bien cuando crecen los ingresos a partir de unos consumos intermedios dados o cuando se reducen los consumos intermedios necesarios para engendrar unos determinados ingresos: en el primer caso, la empresa crea una mayor cantidad de mercancías más valiosas sin necesidad de consumir más recursos; en el segundo caso, la empresa crea la misma cantidad de mercancías valiosas consumiendo menos recursos. En ambos casos, la riqueza efectivamente disponible para la sociedad se incrementa y, por tanto, los impulsores de esa multiplicación también se vuelven más ricos (se apropian de parte de la nueva riqueza que han contribuido a generar). Y precisamente la competencia entre empresas impone que solo aquellas que generen más valor añadido que el resto acaben triunfando y se terminen enriqueciendo: es decir, no basta con ser bueno, sino que hay que esforzarse de manera continua por ser mejor.

Ahora bien, siendo la empresa mercantil un equipo de trabajo que organiza internamente sus recursos para maximizar la riqueza que crea en relación con sus competidores, nos queda por responder una pregunta: quién es el responsable último de organizar esos recursos y, por tanto, de triunfar o de fracasar a la hora de generar más riqueza que sus rivales. Y la contestación es sencilla pero está cargada de significado: el responsable último de organizar los recursos dentro de una empresa mercantil y, en consecuencia, de generar o de destruir riqueza es el empresario. Este es quien hace frente a la inerradicable incertidumbre de nuestras sociedades y decide arriesgar organizando los recursos de un modo distinto al resto de sus competidores. Es, por tanto, el motor de la innovación, del cambio, de la mejora y del progreso, tanto dentro de su empresa como en el conjunto del mercado (puesto que el resto de compañías tienden a emular las innovaciones exitosas). Son los empresarios, cada uno dentro de su pequeño reino que es la empresa, quienes revolucionan de manera continua nuestra organización social, al intentar reformular su entorno según su propio criterio sobre cómo debería ser el futuro. Tal como escribió el gran economista Ludwig von Mises, «lo que distingue al empresario exitoso del resto es precisamente que el empresario exitoso no se deja guiar por lo que fue y por lo que es, sino que reordena su entorno sobre la base de sus opiniones acerca del futuro: observa la realidad y el presente del mismo modo que los demás, pero juzga el futuro de un modo distinto».

Sin empresarios no habría líderes intelectuales que compitieran postulando proyectos diversos (y en muchas ocasiones enfrentados) sobre cuáles son las mejores formas de organizar los recursos para maximizar la creación. No viviríamos en un ecosistema de innovación continua: pues es el empresario quien decide experimentar dentro de su compañía y quien, en consecuencia, soporta personalmente los riesgos de que su experimento productivo triunfe o fracase. Mas no pensemos que los empresarios son una especie de casta, estamento o nomenclatura social separada del resto de la sociedad, una especie de ungidos con el don divino de hacer progresar nuestras sociedades: ser empresario es una actitud, una voluntad, una determinación, una iniciativa a tomar las riendas de un proyecto productivo propio y de responsabilizarse de él. Se es o no se es empresario según la función que se desempeña en el mercado: quien promueve competitivamente la experimentación productiva para maximizar la creación social de riqueza es empresario, triunfe o fracase en ese experimento. En cambio, quien se suma o adhiere al proyecto productivo de otro no lo es (o solo lo es de un modo adyacente y subordinado, a saber, tomando la iniciativa de sumarse al proyecto que promueve otro).

Este es un libro en el que precisamente se narra la vivencia personal sobre lo que implica emprender en el mundo real: sobre cómo un individuo deviene empresario cuando posee una visión de la mejora del futuro y cuando intenta transformarlo de acuerdo con esa visión; sobre las dificultades, los retos, los obstáculos, las desventuras y los tropiezos a los que se enfrenta cualquier empresario cuando trata de convertir su sueño en una realidad dentro de un entorno incierto, dinámico y competitivo; pero también sobre la plenitud, la autorrealización y la dignificación que alcanza un empresario cuando conquista el horizonte tan solo para volver a desplazarlo y continuar persiguiéndolo dentro de su empresa. Un libro que, en definitiva, ayuda a humanizar al empresario frente a todos aquellos que, obsesionados políticamente con deshumanizarlo, solo terminan ralentizando el principal motor de la innovación y del progreso dentro de nuestras sociedades.

JUAN RAMÓN RALLO

1

Introducción

Cuando algo es lo suficientemente importante, lo haces incluso si las probabilidades no están a tu favor.

Elon Musk, CEO de SpaceX y Tesla

El éxito es mentira.

Sí, es mentira.

Vale, en el capítulo 8 te aclararé algunos matices acerca de esta afirmación tan tajante. Pero, de momento, quédate con ella. El éxito es mentira.

Además, emprender puede ser, y generalmente es, frustrante.

Incluso puede ser desesperante, desolador, doloroso y todos los adjetivos afines que puedas imaginar.

En un contexto donde apenas se incentiva el emprendimiento, lanzarse a esta aventura se parece bastante a intentar ascender al Everest con lo puesto. Llevando únicamente un vaso de agua.

Sé de lo que hablo. Soy Fran Villalba Segarra y he fundado una empresa en 2020 que, dos años después, facturaba varios millones de euros y que, en el año 2023, ha sido valorada en 40 millones de euros.

Y precisamente por eso, quiero animarte a que lo hagas. A pesar de todo.

Sí, en el Everest lo pasarás mal. Hará frío. Tendrás sed. Puede que pierdas la cordura, la energía y el valor. Puede, incluso, que una voz interior te diga que debes regresar a la calidez y la seguridad de tu vida anterior. En 2011, Elon Musk dijo que empezar una startup se parece a comer vidrio y mirar en el abismo. No es algo por lo que quieras pasar ni tampoco que quieras volver a repetir.

Por ello, esta visión sintoniza perfectamente con el mantra de Silicon Valley de «fracasa rápido, sigue adelante».

Sencillamente porque este es un camino doloroso, difícil e impredecible. Una receta perfecta para impactar de forma negativa en tu economía y en tu salud mental.

Por un lado, es muy probable que una startup que se inicie en la actualidad no tenga éxito. Las estadísticas muestran que tres de cada cuatro empresas que cuentan con el respaldo de capital de riesgo no logran retornar la inversión inicial a sus inversores. Además, la mitad de todas las nuevas empresas no superan los cinco años de actividad antes de verse obligadas a cerrar sus puertas. Por otro lado, diversos estudios, como los de Michael A. Freeman, del departamento de psiquiatría de la facultad de Medicina de la Universidad de California, sugieren que los emprendedores presentan una mayor prevalencia a la hora de sufrir condiciones adversas de salud mental y también son más vulnerables a la depresión y el abuso de sustancias.

Y, a pesar de todo, no cambiaría mi estilo de vida por nada del mundo.

¿La razón? En este sendero he encontrado la libertad absoluta que tanto anhelaba, una libertad que trasciende la simple independencia laboral. He aprendido a estructurar mis negocios de tal manera que no trabajo para el dinero, sino que el dinero trabaja para mí, un paradigma que invierte la visión tradicional del trabajo.

Además, el mundo necesita a aventureros como tú. Por eso has comprado este libro. Porque tienes ese brillo en los ojos del que está dispuesto a apostar a lo grande.

Antes de todo, también tienes que saber a lo que vas a enfrentarte. Quizá hasta pueda advertirte de algunas trampas, caminos que no conducen a ningún sitio y otras fuentes de frustración para que puedas sortearlas lo mejor posible.

Así pues, considera este libro un mapa. No es un mapa perfecto, pero está dibujado por mí en función de las cosas que he visto y he vivido. Seguramente hay partes de la geografía de este desierto que no conozco, pero voy a hablarte de lo que sí que he contemplado con mis propios ojos.

Eso no significa que debas hacer todo lo que te diga. Solo soy un mapa. Y cada uno tiene que hacer su propio viaje, equivocarse y aprender.

De todo esto, y de otras cosas más, trata este libro-mapa.

Pero, antes de empezar, voy a hablarte del día en que decidí que era el momento de lanzarme a la aventura.

El día en que decidí escalar el Everest
(metafóricamente hablando)

Con trece años me rompí una pierna jugando al rugby. Ese fue el punto de inflexión. Mi epifanía. No suena muy glamuroso, pero es la verdad. Así empezó todo: con una pierna escayolada.

«Rómpete una pierna» es una frase muy conocida en el mundo del teatro que se usa para desearle buena suerte a alguien antes de una actuación. A mí me funcionó rompérmela de verdad, literalmente.

Pero ¿qué tiene que ver una pierna rota con haber fundado una compañía que factura varios millones de euros anuales y que está valorada en cuarenta millones?

Bueno, creo que tener una pierna inhabilitada puede ser un incentivo tan poderoso como cualquier otro. Por ejemplo, y salvando las distancias, ¿conoces la historia de Arunima Sinha? Sinha era una jugadora de voleibol y futbolista india. En 2011, mientras viajaba en tren, unos ladrones la atacaron para intentar robarle. Ella se resistió y la arrojaron contra las vías. Desafortunadamente, otro tren venía en dirección opuesta en ese momento y le aplastó la pierna. Después del terrible accidente, los médicos tuvieron que amputarle la extremidad para salvarle la vida. Sinha, sin embargo, decidió no dejar que la adversidad la venciera. Mientras se recuperaba en el hospital, tomó la decisión de escalar el monte Everest.

A pesar de su discapacidad, Sinha trabajó duro y entrenó con intensidad. Dos años después del accidente, en 2013, se convirtió en la primera mujer amputada en escalar el monte Everest. Desde entonces, ha escalado varios de los picos más altos del mundo, y ha demostrado que incluso las tragedias más devastadoras pueden convertirse en fuentes de inspiración y éxito.

Yo no decidí escalar el Everest. Pero tomé otra decisión que fue trascendental en mi vida gracias a ese accidente. O, al menos, empecé a abrir camino hacia el tipo de vida que llevo actualmente.

Mis padres siempre habían querido que fuera médico, pero aquel percance no me convenció de que ahí estuviera esperándome mi futuro. Seguro que habría sonado muy épico que le dijera a mis padres: «Estudiaré Medicina para curar piernas rotas», o algo parecido. Pero la historia no fue así. No sirvo para ejercer como médico. Es un trabajo que me parece fundamental en la sociedad y mi propio padre es médico. Sin embargo, soy muy aprensivo y no podría soportar ni una sola jornada en un hospital. Si me pinchas y veo una gota de mi propia sangre, caigo redondo.

Así que, en vez de inspirarme para convertirme en el nuevo doctor House, aquella pierna rota me sirvió, fundamentalmente, para quedarme quieto. Para aburrirme. Para pensar. No hay nada como pasarse unas semanas tumbado en un sofá o una cama para tomar perspectiva de lo que llevas vivido y de lo que quieres continuar viviendo.

Fue durante esos días en los que me di cuenta de las posibilidades que tenía la programación, lo que más tarde me convertiría en emprendedor. Fueron esos mismos días en los que empezó a instalarse la idea en mi cabeza de que ya era hora de darle un golpe de timón a mi vida.

En cierto modo, emprender es como subir una de las montañas más escarpadas del mundo. Y coronar la cima, algo que solo logran unos pocos valientes. De esta manera, sí, había decidido que ya era hora de empezar a escalar el Everest, aunque fuera a nivel metafórico.

En aquel momento, sin embargo, no me sentí elegido por el destino. En mi cabeza no resonaba el consejo de Yoda en la película *Star Wars*: «Hazlo o no lo hagas, pero no lo intentes». Mi decisión era más sencilla, menos ambiciosa, pero sí que constituía un cambio importante en las coordenadas de mi vida.

Vale.

Si esto fuera una película, un biopic, ahora tocaría regresar mientras estoy en el sofá con la pierna rota: ¿por qué estoy pensando estas cosas mientras me recupero de mi lesión? ¿Qué es lo que decidí exactamente?

Si esto fuera una película, ahora se vería en pantalla a un bebé en una cuna. Y una voz en off que diría:

«Hola, soy Fran Villalba Segarra. Permíteme contarte mi historia. Nací en abril de 1997 en la vibrante ciudad de Valencia, en la costa este de España, un lugar conocido por su paella, su arquitectura futurista y, por supuesto, su clima soleado.

»Mis padres son dos personas maravillosas. Mi padre es cirujano general y digestivo, y también una de las personas más cultas e inteligentes que conozco. Mi madre es abogada de formación y trabaja en el departamento de recursos humanos de un organismo de la Generalitat Valenciana. Ella también me ha apoyado siempre en todo. Gracias a mi madre, de hecho, acabé cursando bachillerato internacional en un instituto público, algo que en su momento no entendí pero que ahora siempre le agradeceré.

»Mis padres consideraban que aprender inglés era fundamental, así que, con trece años, me enviaron durante un año a un colegio en Inglaterra. Era un internado, así que vivía allí, convivía con personas de varios países y culturas… Fue un cambio radical en mi existencia.

»Podría decirse que la gente que me rodeaba hasta aquel momento era bastante normal y que no destacaba en nada en particular. Yo siempre me había sentido un poco desubicado. No acababa de encajar. Sin embargo, en Inglaterra empecé a darme cuenta de que el mundo era mucho más que la burbuja en la que había vivido, y que fuera de ella había gente muy interesante. Trabé amistad con un ucraniano y un chino, así como con varios ingleses. De repente me pude sumergir en formas muy distintas de vivir y también, por primera vez, me crucé con personas tan raras como yo.

»El horizonte de mi mundo microscópico se amplió de forma exponencial.

»Fue también allí donde uno de mis compañeros empezó a hablarme por primera vez de las posibilidades que había en la programación.

»Cada trimestre teníamos que practicar un deporte diferente, como hockey, críquet, rugby… y ese mismo verano ocurrió el accidente. Yo soy un chico muy delgado y está visto que el rugby tampoco era lo mío, lo cual no es extraño porque os confesaré que ni siquiera me gusta el fútbol y ¿a quién no le gusta el fútbol?

»Al principio, tras la lesión, no fui consciente de la gravedad. De hecho, los médicos de allí pensaban que no era nada relevante. Incluso estuve dos días caminando normalmente, como si no tuviera nada roto, hasta que la pierna se me hinchó como si fuera un globo aerostático.

»Le envié una foto de la pierna a mi padre y juzgó que era tan grave que incluso vino en un vuelo directamente desde Valencia, me recogió y me llevó a un hospital en Valencia. El diagnóstico fue bastante claro: traumatismo con fractura tibial.

»El resto de la historia ya os la he adelantado. Yo en un sofá de casa con la pierna escayolada y un verano eterno y aburrido por delante. Era la primera vez que me pasaba algo así, acostumbrado como estaba a ser un culo inquieto, que quedaba con sus amigos y hacía todas las demás cosas típicas de un chico de mi edad. Pero, de repente, allí estaba, solo, aislado, y todavía influido por las sensaciones de haber salido de mi zona de confort y haber conocido otras culturas, otras formas de vivir, otras maneras de pensar.

»Inmovilizado durante ocho semanas con una escayola en la rodilla aquel verano, mientras mis compañeros se divertían, recordé las posibilidades que tenía la programación.

»Con la ayuda de tutoriales de YouTube, y de forma totalmente autodidacta, aprendí a escribir código. Al principio lo hice por una mezcla de aburrimiento y curiosidad. Pero pronto descubrí que disfrutaba de la lógica y la creatividad que requería la codificación, y comencé a trabajar en pequeños proyectos tecnológicos para pasar el tiempo.

»La programación, en su esencia más profunda, es un baile meticuloso de símbolos y estructuras, un lenguaje que se entrelaza con la realidad para dar vida a lo inanimado, transformar ideas en entidades funcionales y dialogar con la misma esencia del universo, la lógica. Como si fuera poesía codificada, la programación te permite hablar con las máquinas, invocar mundos dentro de su silicio y metal.

»El verdadero poder de saber programar reside no solo en los productos que puedes crear, sino también en la mentalidad que fomenta. Es una práctica que alimenta el pensamiento lógico y la creatividad, que promueve la resolución de problemas y la paciencia.

»Como podéis ver, la ciencia y tecnología siempre me habían fascinado. Es la herramienta que nos permite trascender como humanidad, vivir más tiempo, vivir mejor, alcanzar nuevas fronteras e, incluso, responder a las grandes preguntas del universo. Aprender a escribir código fue como dominar un lenguaje científico que me permitía desarrollar ideas que inmediatamente podían hacerse realidad.

»Estos proyectos, aunque pequeños e insignificantes para algunos, me proporcionaron una valiosa lección: internet es un mundo lleno de posibilidades, un lugar donde incluso un adolescente de Valencia puede crear algo de valor. Con cada sitio web que construía, cada línea de código que escribía sentía que estaba desbloqueando un nuevo nivel en un juego al que había decidido jugar. Y me encantaba.

»Así pues, en retrospectiva, no puedo más que afirmar que aquella lesión en el rugby, aunque desafortunada, resultó ser un golpe de suerte. Me condujo hacia un camino que nunca había considerado antes, y me permitió descubrir mi pasión por la programación y, más tarde, por el emprendimiento».

Y DESPUÉS DE LA PIERNA ROTA, ¿QUÉ?

Mi padre consideraba fundamental que, hiciera lo que hiciese, estudiara ciencias y me formara lo máximo posible en ese ámbito. Por ello acabé cursando el bachillerato internacional de ciencias tecnológicas. Sin embargo, luego también estudié Administración y dirección de empresas, y todo lo que había aprendido anteriormente en el campo de las matemáticas me resultó muy útil.

Mi verdadera introducción al mundo empresarial llegó mientras estaba estudiando el bachillerato internacional. Fue entonces cuando entré a trabajar para Hostinger International, una multinacional tecnológica dedicada a la creación y publicación de tu propia página web. Fue aquí donde realmente me hice consciente de cómo funcionan las empresas de tecnología desde dentro.

Hostinger era un entorno dinámico y lleno de posibilidades. Trabajaba con personas de todo el mundo, cada una con sus propias experiencias y conocimientos únicos. Aprendí a colaborar con equipos de distintos lugares, a comprender las dinámicas de trabajo a distancia y a manejar las diferencias horarias. Aprendí cosas sobre la infraestructura de la nube, cómo se administra, cómo se escala y cómo se mantiene segura.

Pero lo que más me impactó durante mi tiempo en Hostinger fue la naturaleza del negocio en sí. Me di cuenta de cómo una empresa tecnológica puede escalar a una gran base de usuarios de manera eficiente. Esta experiencia fue fundamental para mi comprensión de cómo construir y escalar una empresa de tecnología por mí mismo.

En mi etapa de cinco años en Hostinger, también me mudé a los Países Bajos para estudiar y obtener un título en la Rotterdam School of Management, que aparece en el ranking de las principales escuelas de negocios de Europa del *Financial Times*. La universidad era pública y me pagaba todos los gastos que allí tenía con lo que ganaba en Hostinger.

Decidí estudiar fuera porque había quedado muy satisfecho con la experiencia de haber cursado el bachillerato internacional: de nuevo, volvía a abandonar mi burbuja para conocer a gente venida de otros lugares del mundo. Además, allí conocí a personas muy inteligentes e interesantes que no dudo que me ayudaron a crecer personal y académicamente.

Durante aquel tiempo llevé a cabo pequeños proyectos personales. Cada uno de ellos me permitía afinar y destilar mis habilidades. Y, entonces, en mi último año en la universidad, decidí utilizar mis ahorros para comenzar a construir Internxt, con un enfoque principal en la privacidad. Al principio no abandoné Hostinger porque, como te explicaré más adelante, es importante no poner todos los huevos en el mismo cesto.

A medida que fui construyendo Internxt, recordaba las lecciones que había aprendido en Hostinger, y aplicaba esos conocimientos y esa experiencia a cada decisión que tomaba. Y aunque ya no estaba físicamente en Hostinger, la influencia de esa experiencia seguía siendo una parte integral de mi viaje como emprendedor.

En el año 2020 fundé Internxt con una visión: desafiar la forma en que manejamos los datos en la nube. Con el transcurso del tiempo también me di cuenta de que la centralización de la web estaba obstaculizando su verdadero potencial y que los gigantes tecnológicos utilizan a los usuarios como producto. Por eso quise apostar por la encriptación para que todo fuera más seguro y más privado.

Explicado de forma muy resumida: encriptamos la información en tu propio ordenador o en tu móvil, no guardamos la clave de desencriptación y fragmentamos el archivo para almacenarlo. De este modo, si alguien hackea nuestros servidores, no puede acceder a la información del usuario porque nadie, ni siquiera nosotros, tenemos forma de desencriptar la información.

Fundé Internxt en Marina de Empresas en Valencia, un centro de innovación y emprendimiento apoyado por Juan Roig, un empresario español conocido por ser el presidente ejecutivo y máximo accionista de Mercadona. Fue así como empecé mis primeros proyectos, que irrumpían en la industria *cloud* compitiendo de igual a igual con Google, Microsoft, Dropbox o Amazon. No en vano, Internxt ofrece un servicio significativamente más económico, privado y seguro que el que se ofrece en la actualidad en el mercado.

Bien. Llegados a este punto, te estarás preguntando: ¿Por qué fundaste Internxt en Valencia y no, por ejemplo, Silicon Valley? ¿Acaso no querías competir con los más grandes?

Después de pasar una temporada en Silicon Valley, puedo hablar con conocimiento de causa: es un lugar interesante, pero, al menos para mí, está un poco sobrevalorado. Silicon Valley ha sido históricamente el epicentro de la tecnología y la innovación. Grandes empresas como Google, Apple, Facebook y Tesla tienen sus sedes allí, y ha sido cuna de innumerables startups exitosas. Sin embargo, Silicon Valley es uno de los lugares más caros para vivir en Estados Unidos. El costo de la vivienda, el costo de la vida en general y los impuestos son exorbitantes. También algunos críticos argumentan que la cultura de inversión de Silicon Valley se centra demasiado en la especulación y en empresas con valoraciones infladas, en lugar de en empresas con modelos de negocio sólidos y sostenibles.

Por último, con el auge del trabajo remoto y la digitalización, ya no es necesario estar físicamente en Silicon Valley para tener acceso a oportunidades interesantes. Hay centros tecnológicos en crecimiento en todo el mundo y muchas empresas permiten el trabajo remoto, lo que puede hacer que la ubicación física sea menos relevante.

Dicho esto, escogí emprender en Valencia por varios motivos. Naturalmente, un factor importante es que yo nací y tengo a mi familia aquí. He establecido profundos vínculos emocionales y sociales con esta ciudad. Este factor parece poco relevante si estás aspirando a emprender, pero considero, como explicaré más adelante, que es tan importante como el resto de factores. A nivel más general, Valencia también es una ubicación privilegiada por muchos motivos. Además de ser conocida por su clima agradable, sus ricas historia y cultura, y su alta calidad de vida, está creciendo a una velocidad impresionante.

Por ejemplo, la Marina de Valencia es una de las zonas más vibrantes de la ciudad. Este espacio ha experimentado una transformación significativa en los últimos años, y ha evolucionado de ser un puerto industrial a un espacio de innovación, cultura, deportes y gastronomía, que atrae a residentes locales y turistas por igual. También es uno de los más importantes de Europa en cuanto a volumen de contenedores, lo que genera un gran flujo comercial y supone un motor económico para la región. Además, cuenta con la mencionada Marina de Empresas, que alberga la Escuela de Empresarios (EDEM), la aceleradora de startups Lanzadera y Angels Capital, el vehículo de inversión de Juan Roig.

Por si fuera poco, Valencia también ha asistido en los últimos años a un crecimiento importante en su ecosistema de startups. El gobierno local y regional han puesto en marcha una serie de medidas para promover el emprendimiento y atraer inversión, incluyendo el desarrollo de parques tecnológicos, programas de incentivos fiscales para startups y empresas de alta tecnología, y financiación para investigación y desarrollo. Algunos espacios de coworking y aceleradoras de la ciudad están especializados en tecnología y digitalización, lo que atrae a empresas y talento en estas áreas.

El Valencia Digital Summit es el evento más importante de startups en España. Desde su primera edición, en

2018, este encuentro tecnológico de referencia internacional ha aumentado un 1.500% su número de asistentes. Otro ejemplo destacable es The Next Web, una serie anual de conferencias centradas en las nuevas tecnologías y las empresas emergentes en Europa.

Si aún necesitáis otro argumento más, InterNations, la comunidad de expatriados más grande del mundo, publicó «Expat City Ranking 2022», un informe sobre los mejores y peores lugares para vivir. La lista clasificó cincuenta ciudades y reflejó el grado de felicidad de los expatriados que habían estado viviendo y trabajando en el extranjero en el último año. Valencia ocupó el primer lugar, por delante de Dubái y la Ciudad de México, que quedaron en segundo y tercer lugar, respectivamente. Los encuestados quedaron «entusiasmados con el transporte público asequible de la ciudad española, las oportunidades para practicar deportes recreativos y la seguridad». En Valencia también destacaron que les fue bien «por la facilidad para instalarse, mientras que los expatriados dicen que se sintieron como en casa y expresaron felicidad con su vida social». Completan la lista de las 10 principales ciudades del mundo para los expatriados Lisboa, Madrid, Bangkok, Basilea, Melbourne, Abu Dhabi y Singapur.

En resumen: a pesar de que he residido en California y he visitado otros enclaves tecnológicos del mundo, Valencia no tiene nada que envidiar a esos lugares. Con el añadido de que aquí es más barato contratar talento, al menos por ahora.

Después de haberte contado mi historia a la velocidad de la luz —¡es impresionante cómo pasa la vida tan rápido, por eso hay que aprovechar cada instante!—, me gustaría decirte por qué estoy escribiendo este libro.

LA BRÚJULA DE LOS SUEÑOS

Voy a ser claro. Escribo esto para que sea perdurable. No quiero avergonzarme de lo que he escrito dentro de diez años, aunque muchas de mis opiniones hayan cambiado. Quiero destilar algunas ideas que creo que pueden ser universales, tanto en el espacio como en el tiempo.

Quiero que este libro sea una especie de legado, aunque esto quizá suene un poco pretencioso.

También quiero que este libro sea una brújula para quienes están empezando a perseguir sus sueños. Yo cometí muchos errores, me topé con numerosos caminos muertos y acabé tomando malas decisiones en muchas encrucijadas. Y, aunque soy perfectamente consciente de que los errores son necesarios para crecer, también considero que hay cosas que puedes ahorrarte. Cosas que me hubiera gustado ahorrarme a mí mismo.

Este libro, pues, también es la clase de libro que me gustaría haber leído aquel verano en Valencia, tumbado en el sofá con la pierna escayolada.

Mi vida actual, liderando Internxt como CEO, puede parecer un mundo lejos de aquel chico que jugaba en las playas de Valencia, pero es precisamente ese contraste el que ha conformado mi viaje. Creo que hay momentos más interesantes que otros. Experiencias que creo que debes vivir y otras por las que no es necesario que pases. Y, sobre todo, creo que debes prepararte para las desilusiones, porque este no es un camino nada fácil.

Además de todo ello, creo firmemente en el poder de compartir experiencias para inspirar, educar y motivar a los demás. Creo firmemente también que mi experiencia puede ayudar a otros jóvenes emprendedores que pueden sentirse atrapados, perdidos o abrumados por sus ideas. A veces, lo único que necesitas para seguir adelante es saber que alguien más ha estado donde tú estás ahora y ha encontrado la manera de superar los obstáculos.

En cada uno de nosotros hay una chispa de creatividad y emprendimiento que solo necesita el ambiente adecuado para encenderse. Cuando era adolescente, mi chispa se encendió con aquellos pequeños proyectos online y, desde entonces, no ha dejado de arder. Quiero que este libro sirva de combustible para tu propia chispa.

No estoy aquí para venderte una historia de éxito instantáneo. Mi viaje ha estado (y sigue estando) lleno de baches, curvas peligrosas y puertas cerradas. En cambio, quiero que este libro sea una representación honesta y transparente de lo que realmente implica ser emprendedor. Más allá de los éxitos y las celebraciones, hay muchas noches de trabajo duro, decisiones difíciles y, por supuesto, fracasos.

Pero no te equivoques, este libro no es solo sobre fracasos. También es sobre cómo estos pueden convertirse en peldaños para alcanzar tus metas. Cada error que cometí, cada fracaso que experimenté, fue una lección aprendida, un paso que me dejó más cerca de donde quería estar.

En este libro compartiré contigo mis altibajos, mis éxitos y fracasos, y las lecciones que he aprendido en el camino. Pero, más importante aún, espero que este libro pueda inspirarte a ti, lector, a seguir tus propios sueños, sin importar lo grandes o pequeños que sean.

Mi historia es solo una de las miles de historias de emprendedores que hay en el mundo. Cada uno de nosotros tiene un camino propio, un conjunto único de desafíos y un conjunto único de triunfos. Pero, al final del día, todos compartimos algo: la pasión por crear, por innovar y por hacer del mundo un lugar mejor.

Vamos allá.

2

LA DURA REALIDAD DE EMPRENDER

Tu trabajo te va a llenar una gran parte de
tu vida y la única manera de estar realmente satisfecho es hacer lo que crees
que es un gran trabajo. Y la única manera
de hacer un gran trabajo es amar lo que
haces.

STEVE JOBS, fundador de Apple

Howard Schultz creció en un barrio pobre de Brooklyn,
Nueva York. Sus padres trabajaban en empleos de bajos
salarios y la familia a menudo luchaba por llegar a final de
mes. Schultz vio el café como una forma de escapar de su
vida cotidiana, y soñaba con crear una cadena de cafeterías que ofreciera un ambiente acogedor y un gran café.

En 1981, durante un viaje de negocios a Seattle, descubrió una pequeña cadena de tiendas de café llamada Starbucks. Quedó impresionado por la calidad del café y la pasión que los empleados sentían por su producto. Se unió a la empresa un año después.

Schultz no estaba satisfecho con el hecho de que Starbucks solo vendiera café en grano y quería que la empresa sirviera café elaborado, pero los propietarios originales no estaban de acuerdo con su visión. En respuesta a esta decisión, Schultz dejó la compañía en 1985 para abrir su propia cadena de cafeterías, Il Giornale.

Dos años después compró Starbucks por 3,8 millones de dólares y transformó las tiendas en el modelo que conocemos hoy. Introdujo el concepto de tiendas de café como «el tercer lugar» entre el hogar y el trabajo. Esta idea, junto con su enfoque de servir un café de alta calidad y su dedicación a sus empleados, ayudó a convertir Starbucks en la mayor cadena de cafeterías del mundo.

A pesar de ofrecer una selección de bebidas y alimentos aparentemente inferior a la mayoría de las cafeterías, Starbucks sigue atrayendo a multitudes de personas. El precio de sus cafés es también más elevado. ¿Entonces? ¿Cuál es el secreto? ¿Cómo es posible que Starbucks tenga tanto éxito a pesar de que no haya realizado grandes campañas publicitarias?

A juicio del economista y columnista británico Tim Harford, uno de sus secretos es su ubicación. Cuando nos dirigimos al trabajo y necesitamos nuestra dosis de cafeína, a menudo nos encontramos con cafeterías estratégicamente ubicadas cerca de paradas de transporte público o en las concurridas esquinas de las calles. En estas situaciones, muchos están dispuestos a pagar un poco más si la cafetería se encuentra en su ruta diaria. Además, aparte de estas conveniencias, la gente también acude a Starbucks por su atractivo adicional: el ambiente de moda y la posibilidad de sentarse durante horas a leer o escribir en sus portátiles, entre otros aspectos.

Además, una vez abierto uno de sus locales, el lugar a su alrededor mejora a ojos de la gente. Es lo que se llama «efecto Starbucks»: la presencia de una de estas cafeterías en un área determinada se asocia con un aumento en la gentrificación y el desarrollo de zonas urbanas. Esto se debe a que la apertura de una sucursal de Starbucks suele considerarse como un indicador de que el vecindario está en crecimiento y se está volviendo más atractivo para los residentes y visitantes. Este efecto, además, también se usa para describir la tendencia de otras cafeterías y establecimientos de alimentos y bebidas a imitar el modelo de negocio, el estilo y los productos de Starbucks debido a su éxito y popularidad.

Como ves, la historia de Schultz es inspiradora porque muestra que con una visión clara, determinación y pasión, es posible superar obstáculos y lograr el éxito en los negocios. También es un recordatorio de que el éxito no se mide solo en términos de beneficios financieros, sino también en el impacto positivo que una empresa puede tener en sus empleados y en la comunidad en general.

Bienvenido al segundo capítulo de nuestro viaje. Aquí nos adentraremos en la realidad de emprender, con todas sus glorias y desafíos. Si has pensado en emprender, este capítulo es para ti.

Emprender no es para todos.

No, no lo es.

Voy a insistir en ello una tercera vez porque es muy importante que te lo grabes a fuego: no lo es.

Pero también es la forma de llegar a lo más alto. De superar fronteras. De cumplir verdaderos sueños. Es decir, que esto es un camino duro, pero también profundamente satisfactorio.

Porque, en efecto, emprender es un camino que requiere una determinación inquebrantable, una pasión ilimitada y, sobre todo, una resistencia férrea ante los fracasos. No todos están dispuestos a soportar noches sin dormir, la incertidumbre constante y la presión de tener que tomar decisiones que pueden hundir tu empresa o, en el peor de los casos, tus ahorros.

Sin embargo, si te emociona la idea de crear algo desde cero, de llevar tus ideas al mercado, de cambiar el mundo a tu manera, entonces emprender puede ser para ti. Si estás dispuesto a sacrificar tu tiempo y tu comodidad por algo en lo que realmente crees, entonces el emprendimiento puede ser tu camino.

Por estas razones considero muy importante que te preguntes en serio qué es lo que pretendes, a qué aspiras, qué necesitas, qué lucha quieres librar y por qué. No solo necesitas un objetivo o una meta, sino una motivación. Y esta únicamente sobrevivirá a los embates del día a día si es lo bastante clara para ti.

El mayor problema es que encontrar la motivación del emprendimiento no es tarea fácil. Es casi tan difícil como buscar el propósito en la vida. Sin embargo, es un paso previo, una condición *sine qua non* para lanzarse a esta aventura. Si no lo haces bien al principio, la probabilidad de fracasar en los días, semanas o meses sucesivos se multiplicará exponencialmente.

EL MILLÓN DE PERSONAS QUE NO HAN TRIUNFADO

Cada emprendedor tiene sus propias motivaciones. Para algunos puede ser la libertad de ser su propio jefe. Para otros, la pasión por resolver un problema particular. En mi caso fue la creciente insatisfacción con las injusticias de las grandes tecnológicas, que conceptuaban al usuario como un producto. Mi motivación fue la idea de hacer de la web un lugar más equitativo y menos controlado por unos pocos gigantes.

Así pues, ¿cuál es tu motivación? ¿Qué es lo que te impulsa a querer emprender? Tu respuesta a esta pregunta puede ser la chispa que encienda tu viaje emprendedor.

Por debajo de las motivaciones primarias, sin duda hay otras más profundas, tan o más importantes que las iniciales.

Por ejemplo, quizá quieras hacerte rico o alcanzar cierta independencia. Pero ¿para qué? Cuando respondas a esa segunda pregunta, y lo hagas de verdad, entonces habrás encontrado la motivación profunda. La que persistirá incluso cuando alcances algunos hitos en tus motivaciones primarias o, incluso, la que seguirá ahí cuando estas ya no te resulten tan interesantes.

También es importante encontrar tu motivación profunda porque muchas motivaciones primarias pueden alcanzarse de formas más eficientes que a través del emprendimiento. Por ejemplo, antes de fundar Internxt, trabajaba en Hostinger y decidí lanzarme a la aventura de emprender por motivaciones primarias del tipo: crecer, satisfacer mi ambición, tener más poder y autonomía...

Sin embargo, a medida que transcurre el tiempo, te das cuenta de que la probabilidad de tener éxito con un proyecto es próxima al 0 por ciento.

También empiezas a ser dolorosamente consciente de que muchas de las metas que te habías planteado resultaban mucho más fáciles de lograr por otros medios menos tortuosos. Si persigues poder o crecimiento económico, es más fácil colocarte en una empresa grande o mediana, donde poder escalar a través de tu propio esfuerzo sin estar obligado a arriesgar nada. Puedes tener mucha responsabilidad, en efecto, pero no toda la responsabilidad.

Si eres un trabajador por cuenta ajena, no debes llevarte contigo todos los problemas a casa. Puedes usar los peldaños que otros han construido y establecido para ascender hasta la cima que consideres apropiada.

Empezar en una red o en un ecosistema que ya está formado, que no debes construir desde cero, representa descargarse de un volumen de trabajo, responsabilidad e incertidumbre que, te lo garantizo, te hará ser mucho más feliz.

Valora si te compensa.

Casi todas las personas que conozco en el mundo del emprendimiento no han llegado a nada. Y ahora se ven con treinta o cuarenta años, sin experiencia laboral relevante en ningún sitio, y frustrados porque no tienen dinero o acumulan grandes deudas.

Vuelve a valorar si te compensa.

Si piensas de manera inteligente, te darás cuenta de que muchos de esos hitos que quieres alcanzar se pueden obtener a través de caminos menos escarpados. El emprendimiento, no lo olvides nunca, es un sendero lleno de minas que generalmente, tras un interminable zigzagueo, acaba donde había empezado.

Por tercera vez, valora si te compensa y si, quizá, no estás siendo hipnotizado por una versión idealizada del emprendimiento. Un *lifestyle* que ahora está de moda, que suena bien, que parece *cool*, pero que en realidad no te va a aportar nada más allá que el postureo o unas cuantas fotos en Instagram.

Tras mi experiencia nunca insistiré demasiado en ello: el emprendimiento a menudo se idealiza. Se celebra como el camino hacia la libertad, el éxito y la satisfacción. Pero déjame decirte algo: el emprendimiento no es siempre tan glamuroso como parece.

No todo son rondas de financiación millonarias, oficinas de lujo o cobertura mediática. Hay días de duda, de estrés, de fracaso. Hay días en los que te preguntas si estás haciendo lo correcto, si todo el esfuerzo vale la pena. Y esos días son tan importantes, si no más, que los días de éxito.

Entonces, antes de que te lances a la aventura del emprendimiento, es importante que entiendas que no todo es color de rosa. La mayoría de historias que trascienden son las historias de éxito, y eso puede provocar una falsa representación del mundo real. En el mundo real, casi todo el mundo fracasa. Lo que ocurre es que los fracasos no venden periódicos. Las historias de fracasos no son buenos ejemplos para los libros típicos de emprendimiento. Nos quedamos eclipsados por anécdotas que resultan muy inspiradoras, pero que no reflejan la realidad.

Detrás de cada Elon Musk hay un millón de personas anónimas que han fracasado.

En tal caso, usa esas anécdotas como gasolina para tu motor, pero nunca como un referente o un marco conceptual del tipo de vida que vas a llevar. Saber que existe el Everest no te convierte en alguien necesariamente capacitado para escalarlo. Solo te hace saber que existe la montaña y te puede animar a acudir al gimnasio tres horas al día para entrenarte y, solo de forma eventual, alcanzar la cúspide algún día.

Te voy a contar una de mis motivaciones profundas, acaso la más personal, y que no he revelado a casi nadie. Ahora la contemplo con cierta ternura, porque fue una motivación quizá un tanto ingenua. Sin embargo, a mí me funcionó y aún me sigue funcionando en cierto modo. Era algo que sabía que no iba a lograr si me quedaba trabajando por cuenta ajena.

En realidad, quería responder a una pregunta típicamente infantil, aunque también ha sido objeto de debate por los grandes filósofos de la historia: ¿Qué hacemos aquí? ¿Para qué existe el universo? ¿Qué sentido tiene esto?

Sí, soy perfectamente consciente de que son preguntas muy ambiciosas y que quizá ni siquiera tengan una respuesta. De hecho, entre la comunidad *geek* hay una broma recurrente con esta clase de preguntas tan profundas, cuya respuesta es, de forma invariable, «42».

La anécdota procede de la saga de novelas de ciencia ficción paródica de Douglas Adams *Guía del autoestopista galáctico*. En ellas, una raza de seres hiperinteligentes construye una supercomputadora, llamada «Pensamiento Profundo», para calcular la respuesta a la pregunta más profunda posible: la pregunta de la vida, el universo y todo lo demás. Después de siete millones y medio de años de cálculo, la computadora llega al fin a la respuesta, que es simplemente el número 42. Sin embargo, los seres que construyeron la computadora no saben cuál es la pregunta a la que 42 es la respuesta. Esto lleva a la construcción de otra supercomputadora, el planeta Tierra, para encontrar la pregunta original.

El chiste aquí es que aunque tenemos la respuesta «42», no sabemos cuál es la pregunta. Esto refleja una idea profunda sobre la búsqueda del conocimiento humano, en que a veces las respuestas que encontramos solo nos llevan a nuevas preguntas y que en ocasiones no entendemos completamente las respuestas que tenemos.

Sea como fuere, esa clase de motivación me ilusionaba lo suficiente como para esforzarme y continuar adelante. Además, aunque no respondas a esas preguntas tan ambiciosas, paralelamente puedes alcanzar otros hitos muy importantes y que también valoro mucho a nivel personal. Porque para responder a esa pregunta necesitas dinero y tiempo.

El dinero también te permite comprar tiempo. Incluso mucho más del que dispones como criatura biológica finita. Y es que otra de mis obsesiones ha sido, y es, vivir con salud y, eventualmente, durante muchos años. En otras palabras: no quiero morirme o, al menos, quiero morir cuando yo quiera.

Uno de mis libros de cabecera, *Lifespan: Why We Age —and Why We Don't Have To*, del científico de la facultad de Medicina de Harvard David Sinclair, afirma de hecho que el envejecimiento debería verse como una enfermedad que puede tratarse, en lugar de un proceso natural e inevitable.

Por ejemplo, gracias a sus enseñanzas, uno de los productos que consumo actualmente es nicotinamida, de Elysium Health, unas pastillas sin receta basadas en compuestos que han demostrado alargar la vida de ratones y lombrices.

Los científicos han establecido de manera consistente que es posible prolongar la vida de los ratones de laboratorio al proporcionarles menos alimento, un proceso que se conoce como «restricción calórica» y parece estar controlado por unas moléculas biológicas denominadas «sirtuinas».

El NAD (sigla de «nicotinamida adenina dinucleótido») desempeña un papel crucial en este contexto porque es un compuesto químico que las sirtuinas requieren para funcionar correctamente. Además, el NAD también está involucrado en otros procesos metabólicos dentro de las células.

En diversas especies, como las lombrices, los ratones y los humanos, los niveles de NAD tienden a disminuir con la edad, según explica Leonard Guarente, científico y fundador de Elysium Health. Por lo tanto, la idea es incrementar los niveles de esta molécula con el fin de potencialmente ralentizar o revertir algunos de los procesos relacionados con el envejecimiento.

Elysium ha optado por no revelar los nombres de sus inversores, pero tiene apoyos de gran prestigio. Daniel Fabricant, exdirector de la división de Suplementos Nutricionales de la FDA y actual CEO de la Asociación Industrial de Productos Naturales, forma parte de su junta directiva. Además, la empresa cuenta con el asesoramiento de cinco laureados con el Premio Nobel, incluyendo al neurocientífico Eric Kandel, al biólogo Thomas Südhof, al teórico de los orígenes de la vida Jack Szostak y a Martin Karplus, ganador del Nobel de Química en 2013.

No estoy solo en esto. No es extraño que muchos empresarios tecnológicos estén invirtiendo en proyectos de medicina y biotecnología relativos al alargamiento de la vida humana. Algunos, incluso, están financiando proyectos para llegar a ser literalmente inmortales. Aquí tienes algunos ejemplos:

1. **NewLimit:** compañía con sede en San Francisco que tiene como objetivo aumentar el número de años saludables que vive cada persona mediante la reprogramación epigenética. Uno de sus fundadores es el CEO de Coinbase, Brian Armstrong.

2. **Human Longevity, Inc:** fundada por el genetista J. Craig Venter, utiliza el secuenciado genómico, la inteligencia artificial y otras tecnologías para crear una base de datos de información genómica y de salud con el objetivo de extender la vida saludable de las personas.

3. **SENS Research Foundation:** fundada por el emprendedor de tecnología y biólogo Aubrey de Grey para desarrollar y promover terapias que puedan reparar el daño que causa el envejecimiento en el

cuerpo humano. Aunque no es una empresa de tecnología, ha recibido apoyo financiero de varios líderes tecnológicos, incluyendo a Peter Thiel, cofundador de PayPal.

4. **Unity Biotechnology:** empresa enfocada en desarrollar terapias para eliminar o reparar las células senescentes, que son aquellas que han dejado de dividirse y pueden contribuir al envejecimiento y a enfermedades relacionadas con la edad. Unity Biotechnology ha recibido inversiones de Jeff Bezos, fundador de Amazon.

5. **Altos Labs:** informes recientes sugieren que el multimillonario tecnológico Yuri Milner ha fundado, junto con otros inversores, esta compañía de biotecnología con el objetivo de rejuvenecer las células en un laboratorio.

6. **Paul F. Glenn Center for the Biological Mechanisms of Aging:** dedicada a comprender los mecanismos del envejecimiento normal y el desarrollo de intervenciones para retrasar su inicio y progresión, extendiendo así los años saludables de la vida humana. Su codirector es David Sinclair, un biólogo y académico australiano conocido por sus investigaciones sobre el envejecimiento y la epigenética.

No necesariamente hay que pensar tan a lo grande. Por ejemplo, con dinero ya puedes pagar tratamientos que mejoran tu salud o puedes controlar mejor, mediante chequeos más completos, tus enfermedades en curso. Incluso puedes hacer predicciones sobre enfermedades futuras gracias a análisis genéticos cada vez más baratos.

En ese sentido, uno de mis referentes es Bryan Johnson y su proyecto Blueprint.

Bryan Johnson es un emprendedor estadounidense conocido por fundar varias empresas notables en la industria tecnológica. Nacido en 1977, Johnson creó su primera empresa, Braintree, en 2007. Esta compañía de pagos en línea fue adquirida por PayPal en 2013 por 800 millones de dólares.

Después de la adquisición de Braintree, Johnson fundó Kernel, una compañía de neurotecnología, en 2016. Kernel se centra en la interfaz cerebro-computadora y el mapeo cerebral avanzado, con el objetivo de expandir y mejorar la cognición humana. Johnson ha invertido 100 millones de dólares de su propio dinero en Kernel.

En cuanto al proyecto Blueprint, Bryan Johnson lanzó esta iniciativa a través de su empresa OS Fund, que él mismo fundó en 2014 con una inversión personal de 100 millones de dólares. OS Fund invierte en empresas de «ciencia y tecnología de vanguardia» que ambicionan «reimaginar y redefinir la vida tal como la conocemos». Blueprint es un proyecto de OS Fund que busca impulsar la inversión y la innovación en el campo de la biología sintética.

Esta disciplina trata de rediseñar organismos para que hagan cosas útiles, como producir biofuel o medicamentos, o incluso programar células humanas para combatir enfermedades. Como parte del proyecto Blueprint, Johnson y OS Fund han invertido en varias empresas que están a la vanguardia de este campo, incluyendo Ginkgo Bioworks, una empresa que diseña microorganismos personalizados para fabricar productos químicos, y Synthego, que está trabajando en la edición genómica de precisión.

En general, el enfoque de Blueprint y OS Fund se alinea con la visión general de Bryan Johnson de utilizar la ciencia y la tecnología para mejorar y expandir las capacidades humanas y resolver grandes desafíos globales. Aunque estos proyectos son bastante ambiciosos y se enfrentan a numerosos desafíos técnicos y éticos, están ayudando a impulsar la conversación y la innovación en estos importantes campos.

Johnson aplica todo lo que sabe a su cuerpo, y por eso, a pesar de su edad, se conserva en una forma física envidiable. De hecho, Blueprint empezó con una serie de exámenes que investigaron los 78 órganos de Johnson, recolectando muestras de sangre, saliva, heces y orina. A continuación se realizó una serie de resonancias magnéticas, ecografías, evaluaciones de su estado físico y pruebas de metilación del ADN. Los datos recabados se examinaron órgano por órgano y se contrastaron con los de individuos sanos de diez, veinte, treinta y cuarenta años. Posteriormente, un conjunto de más de treinta profesionales de la medicina y expertos se esforzaron en determinar cómo revertir el cuerpo de Johnson a una etapa de juventud, basándose en exhaustivos análisis de la literatura científica.

Johnson sigue de manera meticulosa todas las indicaciones de ese protocolo, el cual establece alrededor de cien acciones y requisitos distintos a cumplir diariamente. A esta rutina se le añade una gama de tratamientos adicionales. Cuando Johnson se despierta antes de las cinco de la mañana, se sube a una balanza de última generación que no solo registra su peso, sino también su porcentaje de grasa corporal y nivel de hidratación. A continuación, mide su temperatura corporal por vía ótica (Johnson ha observado que su temperatura tiende a ser un par de grados inferior al promedio; un indicativo positivo, según explica, ya que los estudios sugieren que un cuerpo que opera en un estado más frío puede prolongar su vida). Consume cincuenta y cuatro píldoras junto con una bebida a la que él se refiere como «el gigante verde», enriquecida con creatina, flavanoles de cacao y péptidos de colágeno, y se coloca una gorra en la cabeza que emite luz roja para estimular el crecimiento del cabello, pues ningún hombre desea enfrentarse a la calvicie en la vejez. Seguidamente realiza una sesión de ejercicios, sometiéndose a una serie de veinticinco pasos que incorporan diez minutos de arrastre de trineo, nórdicos, nórdicos inversos y otros, con el objetivo de fortalecer su diafragma. Por último, su desayuno consiste en varios kilos de verduras como brócoli, coliflor, ajo y jengibre, seleccionados por sus propiedades saludables.

La anhelada fuente de la juventud, objeto de búsqueda incesante a lo largo de la historia humana, ha dado lugar a una boyante industria mundial de salud y bienestar valorada en billones de dólares. Sin embargo, en el aparente imposible juego de burlar el implacable avance del tiempo, quienes tienen la capacidad de desafiar de forma directa a la naturaleza tienden a ser una élite de tecnócratas extremadamente adinerados.

Los métodos para retrasar el envejecimiento han evolucionado de manera significativa desde los ungüentos y pociones de antaño. Hoy en día, estas técnicas pueden implicar cosas como entrar en una cámara hiperbárica de oxígeno en un intento por revertir el acortamiento de los telómeros, que son los extremos de nuestros cromosomas y desempeñar un papel crucial en la protección de nuestras células contra el envejecimiento. Sin embargo, este método, respaldado por una investigación israelí de 2020, está lejos de hallarse al alcance del ciudadano medio.

Al mismo tiempo, titanes de la industria tecnológica como Jeff Bezos, fundador de Amazon, y Peter Thiel, cofundador de PayPal y Palantir, están invirtiendo sus fortunas en empresas que prometen ralentizar e incluso revertir los estragos del tiempo. Esto va más allá de los rituales cotidianos de cuidado de la piel, como la aplicación de sueros anti-envejecimiento o cremas para el contorno de los ojos.

Curiosamente, este auge de la «tecnoinmortalidad» también ha impulsado un renovado interés por la biología del envejecimiento. A medida que avanzamos en nuestro entendimiento de cómo envejecen nuestras células y cómo factores ambientales y genéticos pueden influir en este proceso, estamos empezando a ver el envejecimiento no como algo inevitable, sino como un proceso que potencialmente puede ser modificado o incluso revertido. Sin embargo, vale la pena señalar que, a pesar de estos avances, todavía estamos lejos de comprender del todo cómo el envejecimiento impacta nuestro cuerpo a nivel celular y sistémico, y mucho menos de ser capaces de detener o revertir completamente este proceso.

En conclusión, pensar a lo grande no significa que debas crecer a lo grande. Una cosa es tu sueño infantil y otra, las infinitas cosas que vas a conseguir mientras intentas aproximarte, paso a paso, a esa ambiciosa meta. Internxt es mi camino hacia esa meta, con independencia de que llegue a ella algún día. Pero me permite, por ejemplo, pagarme determinados tratamientos o invertir en proyectos que considero interesantes. Internxt, sencillamente, puede abrirme más y más puertas, pero aún no sé cuáles serán ni si optaré por entrar en ellas.

En este sentido, uno de mis referentes próximos es el emprendedor e inversor valenciano Iñaki Berenguer. Después de fundar CoverWallet, una startup tecnológica que reinventa los seguros para las pequeñas empresas, la vendió para crear y liderar Life Extension (LifeX) Ventures, un fondo de cien millones de dólares que invierte en empresas de software centradas en la prolongación de la vida de las personas (sector biosalud, para que las personas vivan veinte años más) y del planeta (sector climático).

Con el dinero suficiente no solo puedes pagarte un buen tratamiento, sino que también puedes contribuir a investigaciones a corto o medio plazo.

En términos generales, también hay otros incentivos a los que puedes aferrarte a la hora de emprender. Emprender y trabajar por cuenta propia puede tener muchas ventajas y, aunque también conlleva retos y riesgos, aquí te menciono algunas razones bien argumentadas sobre por qué alguien podría considerarlo:

1. **Autonomía y libertad:** cuando eres tu propio jefe, tienes la capacidad de tomar tus propias decisiones, establecer tu horario y decidir sobre la dirección de tu trabajo.
2. **Potencial de ganancias:** trabajar para una empresa significa que recibes un salario, que puede ser limitado en su potencial de crecimiento. Al emprender, las ganancias de tu negocio son tuyas. Aunque al principio pueda haber un periodo de escasez, a largo plazo podrías acabar ganando mucho más que trabajando por cuenta ajena. Además, ejerces más control sobre tu potencial de ingresos. No tienes techo.
3. **Crecimiento personal:** emprender puede ser, en este sentido, una experiencia increíble. Te enfrentarás a re-

tos, superarás obstáculos y aprenderás habilidades nuevas e importantes. Es una excelente manera de aprender sobre ti mismo, tus fortalezas y áreas de mejora.

4. **Innovación y creatividad:** tener tu propio negocio te da la oportunidad de innovar y ser creativo, puedes introducir algo nuevo en el mercado, solucionar problemas de manera única y hacerlo a tu manera. No estás limitado por la burocracia o las decisiones de otras personas.

5. **Contribución y propósito:** al emprender tienes la oportunidad de crear algo que contribuya a la sociedad, a tu comunidad o incluso al mundo. Esto puede brindarte un fuerte sentido de propósito y satisfacción.

6. **Flexibilidad de lugar y tiempo:** Cuando eres dueño de tu propio negocio, generalmente tienes más flexibilidad sobre cuándo y dónde trabajas.

Así pues, crear tu propia startup y trabajar para una empresa son dos caminos muy diferentes. Ambos tienen sus ventajas e inconvenientes.

Al tener tu propia startup, dispones de la libertad de tomar tus propias decisiones, de definir tu propia visión y de llevar a cabo tus ideas de la forma que quieras. Pero con esa libertad viene una gran responsabilidad. Tu éxito o fracaso depende completamente de ti.

Trabajar para una empresa, por otro lado, te ofrece cierta estabilidad y la oportunidad de aprender de otros.

Pero también puede limitar tu creatividad y tu capacidad para implementar tus propias ideas.

Yo he estado en ambos lados. Trabajé para Hostinger International antes de lanzar Internxt (de hecho, lo hice a la vez en ambos lugares para no arriesgarme). Y aunque trabajar para una empresa me enseñó mucho, sentí que tenía más que ofrecer. Quería crear algo que fuera completamente mío. Y así nació Internxt.

Aquí hay dragones

Soy una persona muy planificadora. Siempre tengo todos los escenarios posibles en la cabeza.

E, incluso así, me equivoco muchas veces.

Eso no significa que todo lo que he logrado hasta ahora sea fruto del azar o de la suerte (conceptos que analizaré más adelante), porque también hay esfuerzo, dedicación, transpiración y visión.

Lo que significa es que nadie sabe el camino. Lo vas descubriendo sobre la marcha.

Cada vez que inicias una singladura, lo haces en dirección a terrenos no mapeados antes.

«Aquí hay dragones» es una frase que se cree comúnmente que aparecía en los mapas antiguos para denotar regiones desconocidas o peligrosas. Aunque se menciona con frecuencia en discusiones sobre la cartografía de la época de los descubrimientos, en realidad, solo hay un mapa conocido que contiene la frase HIC SVNT

DRACONES, que es el globo de Hunt-Lenox, un pequeño globo terráqueo de latón del siglo XVI.

El concepto detrás de «Aquí hay dragones» o «Hic sunt dracones» es, sin embargo, verdadero en un sentido más amplio. En los mapas antiguos, los cartógrafos a menudo adornaban las áreas desconocidas o inexploradas con ilustraciones de criaturas míticas, monstruos marinos o animales exóticos. Estas imágenes servían para representar los peligros desconocidos que se pensaba que existían más allá de los límites del mundo conocido.

Cuando emprendes, no importa lo que creas saber. Te garantizo que vas derecho a una región tipo «aquí no hay dragones».

Por ello, cuando me preguntan si volvería a emprender sabiendo lo que conozco ahora, lo único que puedo hacer es encogerme de hombros. No lo sé. Porque cada viaje es distinto.

Espero que esto te sirva para, de nuevo, desmitificar el relato establecido sobre el éxito estándar de quien persigue sus sueños. Es un relato bonito e inspirador, como te dije antes. Ideal para lanzarse al mar. Lo que se repetiría mentalmente el capitán Ahab antes de ir en busca de Moby Dick. Pero no es un relato sobre el mundo real. Solo es una ficción. Una poesía. Una canción. Un horizonte. Y, en muchas ocasiones, esa zanahoria que cuelga a escasos centímetros del belfo del burro y que le impele a continuar adelante.

Por último, quiero decirte que el emprendimiento no consiste solo en tener una idea brillante. Consiste en convertir esa idea en un producto o servicio viable. Consiste en encontrar a las personas adecuadas para unirse a tu equipo. Consiste en convencer a los inversores para que crean en tu visión. Y, lo que es más importante, Consiste en gestionar el fracaso.

El fracaso es una parte inevitable del emprendimiento. No importa cuán buena sea tu idea, cuán duro trabajes o cuán brillante sea tu equipo, habrá momentos en los que las cosas no saldrán como planeas. Y estos pueden ser desalentadores.

Pero aquí está la cosa: el fracaso no es el final del camino. Al contrario, es una oportunidad para aprender, para crecer y para mejorar. Cada fracaso que he experimentado en mi viaje emprendedor me ha enseñado algo valioso. Y cada vez que he caído, me he levantado más fuerte.

El emprendimiento es un camino lleno de desafíos. Pero si estás dispuesto a enfrentarte a ellos, a aprender de tus errores y a seguir adelante, no importa lo difícil que sea, entonces el emprendimiento puede ser uno de los viajes más gratificantes de tu vida.

EL MUNDO TE NECESITA

Una vez presentados estos pros y contras, no quiero que te quede en el paladar un sabor agridulce. Emprender es mi vida. Y no me arrepiento en absoluto de haberlo hecho. Si este libro te anima a hacerlo, será una experiencia que recordarás para siempre.

Además, y creo que esto es lo más relevante de emprender (y una de las principales razones por las que he escrito este libro): el mundo necesita emprendedores.

Si todos trabajáramos por cuenta ajena, si todos fuéramos funcionarios, si todos nos dedicáramos a recorrer el camino fácil…, el mundo no avanzaría a la velocidad a lo que lo hace. Necesitamos a gente que cree empresas y construya nuevos modelos de negocio, que abra nuevas oportunidades.

Porque el progreso requiere de gente heterodoxa, de pensadores originales, de visionarios e incluso, también, de gente un poco loca, enamorada de sueños imposibles. Porque, como decía el escritor y aforista italiano Carlo Dossi: «Los locos abren los caminos que más tarde recorren los sabios».

Son esta clase de personas las que también generan riqueza para un país. Las que crean nuevos puestos de trabajo. Las que rompen lo establecido, lo que se ha hecho de la misma manera por inercia, por pereza o por miedo.

El mundo necesita gente que se arriesgue. Gente que busque más allá de lo que se divisa desde la costa.

No necesitas venir de buena cuna o tener mucho dinero. Mis padres, aunque son funcionarios, no son ricos. Me he criado en una familia normal. Nadie me ha regalado nada. Ni siquiera me considero una persona particularmente inteligente o brillante. Si acaso he tenido visión, he apostado y he ganado.

En ese sentido me gusta recordar el ejemplo de Thomas Edison.

Edison, aunque tenía unos orígenes humildes, representaba la esencia misma de la ambición tecnológica. Por eso se le conocía como «el Mago de Menlo Park», lugar ubicado en las afueras de Nueva York. Casualmente, Menlo Park, en California, es también una ciudad de Silicon Valley, el epicentro mundial de la innovación tecnológica. El residente típico del californiano Menlo Park es alguien que mantiene un trabajo para cubrir sus gastos básicos, tiene un segundo empleo en un ámbito creativo o artístico que no siempre genera ingresos, y un tercer trabajo visionario donde invierte tiempo y dinero con la esperanza de enriquecerse y cambiar el mundo. A estos individuos incesantemente ocupados se les llama *three businesscard persons* («personas con tres tarjetas de visita»), debido a que suelen tener al menos tres tarjetas de visita diferentes, en las que se reflejan sus distintos roles.

Edison, desde el Menlo Park de la Costa Este, encajaba perfectamente en este perfil. Y se montó su propio Silicon Valley en una mansión en la que alojaba a los grandes ingenieros de la época. Desde que comenzó a inventar, sus objetivos fueron claros: quería tener su propio negocio, trabajar en proyectos de su elección y ganar suficiente dinero para hacer realidad cualquier sueño. Estos tres objetivos se pueden condensar en uno, según la interpretación de Randall E. Stross en *The Wizard of Menlo Park*: la autonomía del emprendedor, la firme determinación de no volver nunca a la subordinación del empleado.

«Yo proporcionaré una luz tan barata que no solo los ricos podrán hacer arder sus bujías»: esa fue la visión que tuvo Edison en 1879.

Su nueva obsesión era la democratización de la luz y la expansión de una forma de iluminación eléctrica verdaderamente eficiente. Una obsesión que canalizó a través de la lámpara de incandescencia. Por lo tanto, Edison no inventó la bombilla en sí misma, un descubrimiento que se atribuye al inventor italiano Alessandro Volta, quien creó luz en un cable de cobre conectado a una batería de su invención, y posteriormente al científico inglés Humphry Davy, quien construyó la primera fuente de luz eléctrica basada en filamentos incandescentes.

Lo que Edison hizo fue encontrar un filamento que pudiera alcanzar la incandescencia sin fundirse. En otras palabras, lo que buscaba era transformar una breve chispa de luz en una fuente de luz sostenible, práctica y mucho más brillante de lo que se había visto hasta entonces. Y lo logró.

Solo él tuvo la visión de que el mundo, sobre todo las ciudades, sería un lugar más seguro, agradable y sostenible para todos si las noches estaban iluminadas por bombillas en vez de velas. Y, por si fuera poco, incluso fue el primero en ver la rentabilidad económica de semejante invento, que, según sus inventores originales, resultaba incluso poco útil para la sociedad.

Edison acabó transformándose en uno de los inventores más productivos de todos los tiempos. Su último logro, la obtención de su 1.093.ª patente, se materializó cuando ya tenía ochenta y tres años. El 18 de octubre de 1931, dejó este mundo en West Orange, Nueva Jersey. Como un emotivo homenaje a su vida y obra, las luces de varias ciudades se apagaron durante un minuto en señal de respeto y admiración.

En resumen

Si has llegado hasta aquí, es probable que estés bastante persuadido por la idea de emprender. Con todo, vale la pena que revises los siguientes puntos antes de seguir leyendo. Son las ideas claves que vas a tener que afrontar y hasta digerir para sobrevivir como emprendedor en un país como España.

---

1. **Lo normal es fracasar:** el camino del emprendimiento está lleno de éxitos y fracasos. El fracaso es normal y, a menudo, es un paso necesario para aprender y crecer. Los mejores emprendedores son aquellos que ven el fracaso como una oportunidad para aprender y mejorar.

   Ejemplo: Nick D'Aloisio, un joven emprendedor británico, creó una aplicación que resumía las noticias llamada Summly cuando

---

tenía solo quince años. Yahoo compró Summly por 30 millones de dólares. Sin embargo, la aplicación no tuvo el éxito esperado y Yahoo terminó retirándola. A pesar de esto, D'Aloisio no se desanimó. Aprendió de su fracaso y fundó una nueva empresa, Sphere Knowledge, con la que espera tener éxito en el futuro.

2. **Más importante que la idea es la motivación:** emprender no trata de la idea inicial de negocio, sino del deseo y el entusiasmo de emprender. Lo importante es sentir pasión por la aventura empresarial, más allá del impulso inicial de la idea.

Ejemplo: Carlos Pierre, fundador de Badi, tenía la motivación de mejorar la experiencia de compartir pisos, más allá de solo tener la idea de una aplicación para conectar compañeros de cuarto.

3. *Embracing uncertainty*: emprender es una forma de vida que abraza la incertidumbre. El verdadero emprendedor la necesita y la disfruta. Si te vence el miedo, reconsidera si este es tu camino.

Ejemplo: María Alegre, cofundadora de Chartboost, se enfrentó a la incertidumbre de competir en el mercado global de publicidad móvil y creó una empresa exitosa.

4. **Resiliencia y sacrificio:** la ruta del emprendedor está llena de desafíos y errores. La resiliencia y el espíritu luchador son necesarios para superar estos obstáculos. Incluso si no tienes el carácter emprendedor, puedes suplirlo con un espíritu de sacrificio y tenacidad.

   Ejemplo: Dabid Muñoz, el chef y propietario de DiverXO, luchó durante años y superó múltiples desafíos para finalmente convertir su restaurante en el único con tres estrellas Michelin en Madrid.

5. **La soledad del emprendedor:** emprender puede producir una sensación de soledad, pero eso también proporciona la libertad para tomar decisiones rápidas e intuitivas. Asóciate solo cuando necesites algo que no puedas obtener de otra manera, y preferentemente con socios capitalistas.

   Ejemplo: José Neves, fundador de Farfetch, decidió emprender solo y administrar su negocio de acuerdo con su propia visión, lo que finalmente llevó al éxito de la compañía.

6. **La forma de la idea, no la idea:** no te centres en lo que vas a vender, sino en por qué los clientes

te comprarán. Mantén la flexibilidad y humildad para ajustar tu idea a medida que avanzas.

Ejemplo: Javier Goyeneche, fundador de Ecoalf, no se centra solo en su producto (ropa ecológica), sino en el porqué de su producto: la protección del medio ambiente.

7. **Sostenibilidad financiera:** asegúrate de tener un plan financiero personal que te permita soportar el periodo inicial de tu empresa sin depender de ella para tus necesidades básicas. Incorpora tu sueldo en el plan de negocio y planifica el peor escenario posible.

Ejemplo: Rodolfo Carpintier, fundador de Digital Assets Deployment, habla regularmente sobre la importancia de la diversificación de ingresos y la sostenibilidad personal para los emprendedores.

8. **Equilibrio entre vida personal y profesional:** emprender puede afectar tu vida personal. Debes entender que esto proporciona satisfacciones, pero no necesariamente en términos de tiempo personal.

Ejemplo: Carlota Pi, cofundadora de Holaluz, ha hablado abiertamente sobre el desafío de equilibrar la vida personal con las demandas de ser emprendedora.

9. **Diferencia entre emprendedor y empresario:** si te gusta crear pero no gestionar y hacer crecer una empresa, prepara el terreno para traspasar el liderazgo cuando llegue el momento. No permitas que las ataduras emocionales te impidan dar este paso si es lo mejor para tu empresa.

Ejemplo: Óscar Pierre ha demostrado ser tanto un emprendedor (creando Glovo) como un empresario (haciendo crecer Glovo). Ha sabido gestionar su papel y el crecimiento de su empresa de forma efectiva.

10. **No todo puede planearse:** aunque es importante tener un plan de negocio, es igual de clave reconocer que no todo puede preverse o planearse con antelación. Los emprendedores exitosos son aquellos que pueden adaptarse a circunstancias imprevistas y encontrar nuevas oportunidades en situaciones difíciles. Si te rompes la pierna, como me pasó a mí, puedes tomártelo como un imponderable o como una oportunidad. Enfocarlo así es la mejor forma de navegar por la incertidumbre.

Ejemplo: Kike Sarasola, fundador de la cadena de hoteles Room Mate. Al principio tenía un plan claro de cómo quería que se desarrollara su empresa, pero, primero con la llegada de la crisis de 2008 y después con la pandemia de la covid-19, tuvo que hacer frente a circunstancias imprevistas que amenazaban la supervivencia de su negocio. En lugar de rendirse, Sarasola se adaptó a las nuevas circunstancias: reconvirtió algunos de sus hoteles en apartamentos de alquiler a largo plazo y ofreció habitaciones para personas sin hogar durante la pandemia.

3

Empieza

La visión sin acción es un sueño.
La acción sin visión es una pesadilla.

Proverbio japonés

Si te has comprado este libro es que quieres hacer algo. Lo que sea. Pero quieres hacer algo. Bienvenido al tercer capítulo de nuestro viaje, un capítulo que podría considerarse el corazón de toda la aventura del emprendimiento: el comienzo.

Aquí nos adentraremos en el desafío de dar el primer paso, la importancia de la experiencia práctica, el poder de las soluciones simples, el valor de los errores y, por último, exploraremos algunos casos de éxito. Así que, sin más preámbulos, comencemos.

En el momento en que decidas dar el paso de emprender, no pretendas saberlo todo. Cuando empecé con Internxt, andaba perdido en muchas cosas y en mi horizonte había mucha incertidumbre. Sabía cosas que no sabía pero, sobre todo, no sabía cuántas cosas no sabía. Incluso aprendí a programar mejor cuando ya había fundado mi propia empresa.

En la carrera aprendí a hacer cosas como un *business plan* o plan de negocio, así como diferentes enfoques para estudiar el mercado.

Básicamente, un *business plan* consiste en un documento detallado que describe la estrategia de una empresa para alcanzar objetivos específicos. Este incluye elementos como la descripción del negocio, el modelo de ingresos, el análisis de la competencia, el plan de marketing y ventas, el plan operativo y el análisis financiero proyectado.

Un estudio de mercado, por otro lado, es una investigación que se lleva a cabo para entender el comportamiento de los consumidores en un mercado específico. Se centra en comprender aspectos como la demanda, la competencia, las tendencias del mercado, los patrones de consumo, las preferencias del cliente y otros factores similares. Este estudio ayuda a una empresa a tomar decisiones más informadas y a desarrollar estrategias efectivas.

Mi opinión sobre todo esto es que, en esencia, sirve para poco. Lo que resulta útil para aprender y afinar la intuición es montarte algo, probar y ver qué pasa. Evidentemente, debes poseer una base. Es importante tener un conocimiento previo de las posibilidades, el estado del mercado y el alcance de tus objetivos. En mi caso, por ejemplo, además tenía fundamentos sobre *cloud* y sobre Administración y dirección de empresas.

Pero esto no debe de ser tu prioridad ni tampoco lo que lo marque todo.

Porque las teorías son simplificaciones del mundo real. Y, en el mundo real, casi nadie sabe casi nada.

Las etiquetas, al igual que los modelos, son herramientas que nos ayudan a comprender, analizar y discutir sobre la realidad de una forma más organizada y manejable. Al etiquetar algo o a alguien, lo estamos colocando en una categoría definida, lo que facilita su estudio y entendimiento.

Por ejemplo, en biología, las especies se clasifican en diversas categorías (reino, filo, clase, orden, familia, género y especie) para simplificar el estudio de su diversidad y sus relaciones evolutivas. En psicología se utilizan etiquetas para describir diferentes trastornos mentales, lo que resulta de ayuda en la identificación y tratamiento de estos.

Sin embargo, aunque las etiquetas y los modelos pueden ser extremadamente útiles, es esencial recordar que son simplificaciones y generalizaciones de la realidad. En otras palabras, todos los modelos están equivocados en el sentido de que no pueden capturar todos los detalles y la complejidad de la realidad. No hay una etiqueta o modelo que pueda encapsular por completo a una persona o a un objeto en su totalidad.

Es importante recordar esto para evitar el pensamiento de «caja» o estereotipado, y entender que las personas y las cosas pueden y suelen ser más complejas y diversas de lo que las etiquetas y los modelos pueden representar. Por lo tanto, aunque las etiquetas pueden ayudarnos a simplificar y organizar el mundo, también deben usarse con cuidado y flexibilidad, reconociendo siempre sus limitaciones.

Debes aprender, por lo tanto, a pensar fuera de la caja.

En este sentido, es un error común en muchos emprendedores la llamada «parálisis por análisis». Es ese estado en el que te encuentras atrapado en la planificación, en el análisis, en la anticipación de cada posible escenario, y como resultado, te quedas inmovilizado, sin poder dar el primer paso.

De nuevo quiero evitar que me malinterpretes. La planificación y el análisis son cruciales para cualquier empresa. Un estudio de mercado bien hecho puede proporcionar información valiosa que puede ayudar a una empresa a desarrollar una estrategia de negocio efectiva, a identificar oportunidades de mercado y a minimizar los riesgos financieros. Pero hay un punto en el que debes decir basta. Hay un punto en el que debes dejar de planificar y empezar a actuar.

Ese fue un desafío al que me enfrenté al inicio de mi carrera. Pasé meses analizando, planificando, esperando el momento «perfecto» para lanzar mi proyecto. Pero la verdad es que nunca hay un momento perfecto. Al final, simplemente tuve que dar el salto.

En ese sentido me resulta muy inspiradora la historia de Jeff Bezos, el fundador de Amazon.

Bezos era un exitoso ejecutivo de Wall Street en el campo de las finanzas cuando tuvo la idea de crear una librería online. Este concepto se le ocurrió después de ver una estadística que indicaba que el uso de internet estaba creciendo a un 2.300 % anual. En lugar de realizar un análisis detallado, Bezos decidió realizar la idea de inmediato.

Renunció a su bien pagado trabajo y cruzó el país desde Nueva York a Seattle para mudarse allí y comenzar a trabajar en Amazon. No tenía un plan detallado, ni una gran cantidad de inversión ni siquiera un modelo de negocio claro. Lo que tenía era la intuición de que el comercio electrónico iba a ser grande, y quería ser parte de él.

En los primeros días, Amazon operaba desde el garaje de Bezos y vendía solo libros. Fue capaz de crecer rápido, diversificándose en otros productos y servicios, y eventualmente se convirtió en la gigantesca corporación multinacional que es hoy, uno de los mayores actores en comercio electrónico, servicios en la nube y más campos.

Es importante destacar que, aunque el enfoque de «actuar en lugar de planificar demasiado» funcionó para Bezos, también implicaba un enorme riesgo. El éxito de Amazon se basó en una serie de factores, incluyendo la visión de Bezos, su capacidad para adaptarse y aprender rápidamente, y una cierta cantidad de suerte. No todos los emprendedores que asumen grandes riesgos obtienen el mismo nivel de éxito.

Sin embargo, nadie triunfa si dedica años a la introspección. Se aprende actuando. Se aprende viajando.

Empieza. Ten miedo y toma precauciones. Pero empieza. Sé humilde. Pero empieza. Prepárate para equivocarte. Pero empieza.

TEÓRICOS VS. PRÁCTICOS

Si buscas descubrir cómo funciona el mundo de verdad, viaja hasta llegar a un lugar donde tu nombre sea desconocido. Los viajes nos ubican en nuestro verdadero lugar, son maestros más efectivos que cualquier otro, poseen la amargura de una medicina que te cura y la crudeza de un espejo que te dice la verdad. Un extenso trayecto te proporcionará más autoconocimiento que un siglo de reflexión en silencio.

Esto no quiere decir que no debas leer, ir a clase o reflexionar. Lo que significa es que el verdadero conocimiento se obtiene, también, interactuando con el mundo.

Los emprendedores se pueden clasificar en dos categorías generales basadas en cómo toman decisiones y conceptúan el mundo: teóricos o prácticos. Se pueden representar con personajes como el señor Spock y el capitán Kirk de *Star Trek*.

Un individuo teórico, al igual que el señor Spock, aborda los problemas con una lógica pura, calculando los costos, beneficios y riesgos de cada opción hasta identificar la más óptima. Se comporta como un ordenador. Tiene un pensamiento puramente algorítmico. Descarta las emociones y se enfoca tan solo en la razón para tomar decisiones.

En cambio, una persona práctica, representada por el capitán Kirk, utiliza la emoción como guía para actuar en situaciones de conocimiento limitado o imperfecto. En lugar de realizar cálculos complejos, estos individuos se basan en su intuición y experiencia para elegir entre diversas opciones. Sus decisiones a menudo se apoyan en lo que ha funcionado en situaciones similares en el pasado.

Sin embargo, la realidad es que la mayoría de las decisiones se toman con información incompleta, objetivos en conflicto y tiempo limitado.

En este tipo de escenarios, un enfoque puramente lógico puede ser demasiado lento o no práctico. Por lo tanto, a menudo, la evolución biológica favorece una estrategia de toma de decisiones más basada en la emoción, a lo capitán Kirk, en lugar de un enfoque puramente lógico y calculador como el del señor Spock.

Esto no quiere decir que uno sea inherentemente mejor que el otro; ambas perspectivas tienen su lugar y pueden ser útiles dependiendo de la situación. Lo importante es entender cómo cada enfoque afecta nuestra toma de decisiones y comportamiento.

Pero, si bien ambas aproximaciones tienen su valor, según mi experiencia puedo decirte algo con bastante seguridad: es en la práctica cuando realmente se aprende. En la práctica encuentras los problemas que nunca anticipaste en la teoría. En la práctica aprendes a adaptarte, a improvisar, a encontrar soluciones creativas.

De adolescente comencé con pequeños proyectos online y fue allí, en la práctica, donde aprendí las lecciones más valiosas. Fue allí donde aprendí a programar, a diseñar, a comercializar. Fue allí donde aprendí lo que funciona y lo que no.

Otro ejemplo que ya he esbozado en el primer capítulo fue mi mudanza a California. Yo no sabía si California era mi sitio o no, y tampoco tenía referencias claras para saberlo. El único modo de averiguarlo era irme hasta allí, pasar unos meses y probarlo. Finalmente me di cuenta de que no era mi lugar porque era carísimo, tampoco aporta mucho más de lo que pueda aportar Valencia, Barcelona, Madrid o cualquier otra gran ciudad del mundo, junto con una larga lista de razones.

A la hora de contratar personal, también resulta muy difícil saber si estás acertando o no. En muchas ocasiones no puedes evaluar la verdadera valía de un candidato hasta que empieza a trabajar para ti. Además de las habilidades técnicas y la experiencia laboral, existen otros factores que pueden ser igualmente importantes, si no más. Estos pueden incluir la adaptabilidad del candidato, su capacidad para trabajar en equipo, su ética de trabajo, su facilidad para manejar el estrés y la presión, su compromiso con la empresa y el puesto, y su alineación con la cultura y los valores de la empresa.

Incluso con pruebas de trabajo simuladas y entrevistas en profundidad, no se puede obtener una imagen completa y precisa de cómo será el desempeño del candidato en el puesto. Esta es una de las razones por las que a veces las empresas optan por contratos o periodos de prueba antes de tomar una decisión de contratación a largo plazo.

Equivocándote es cuando más aprendes. Así que empieza asumiendo que vas a hacerlo. Lánzate al ruedo y prueba, prueba y vuelve a probar. Porque puedes leer un libro sobre cómo nadar, incluso una docena de ellos, pero hasta que no te metas en el agua y lo experimentes por ti mismo, no entenderás completamente lo que se siente nadando. Ni tampoco llegarás a conocerte a ti mismo.

El valor de equivocarse y aprender

Uno de mis libros de cabecera es *El inversor inteligente*, de Benjamin Graham, donde precisamente se aboga por un enfoque de inversión que implica entender lo que se puede y no se puede controlar. Graham enfatiza que los inversores no pueden controlar las fluctuaciones del mercado, pero sí pueden controlar cómo reaccionan a ellas. Aquí es donde introduce la metáfora del señor Mercado, que representa la volatilidad diaria de la bolsa. El señor Mercado es un socio comercial que ofrece comprar o vender acciones todos los días a diferentes precios: algunos razonables, otros absurdos.

La misma filosofía puede aplicarse al error.

Como ya te he mencionado en varios momentos de este libro, si hay una cosa que puedes esperar como emprendedor, es que te vas a equivocar. Vas a tomar decisiones equivocadas. Vas a cometer errores. Y eso está bien. En realidad, está más que bien. Es crucial.

Los errores son una parte integral del proceso de aprendizaje. Son una oportunidad para aprender, para crecer, para mejorar. Cada vez que cometes un error, obtienes una visión valiosa que puedes utilizar para hacerlo mejor la próxima vez.

Recuerdo cuando trabajaba en mi primer proyecto de hosting web. Cometí muchos errores. Pero cada uno de ellos me enseñó algo nuevo. Cada uno de esos errores me hizo más fuerte, más sabio, más preparado.

Entonces, cuando te equivoques (y te aseguro que lo harás), no te desanimes. En lugar de eso, trata de ver cada error como una oportunidad. Una oportunidad para aprender, para crecer, para convertirte en un mejor emprendedor.

La ciencia se basa en la rigurosidad y la precisión, y trata de establecer patrones y teorías que describan con exactitud el mundo que nos rodea. Requiere una gran dosis de orden y coordinación, y sus hallazgos deben poder verificarse y replicarse. Cada teoría, cada experimento, se lleva a cabo con meticulosidad, poniendo «los puntos sobre las íes».

Sin embargo, tal como Nassim Nicholas Taleb argumenta en sus libros *El cisne negro* y *Antifrágil*, la ciencia también necesita cierto grado de desorden o caos. Esta necesidad de desorden puede ser esencial cuando se trata de innovación, de cambiar el *statu quo*. La innovación a menudo requiere pensar de manera diferente, romper los patrones existentes y buscar enfoques nuevos y no convencionales.

La introducción de una nueva tecnología, por ejemplo, a menudo implica desafiar las suposiciones existentes y superar la resistencia al cambio. Del mismo modo, el cambio de un paradigma cultural o la modificación de un modelo de negocio en un momento tecnológico concreto requiere una disposición a desafiar las normas existentes y a buscar nuevas formas de hacer las cosas.

Taleb sostiene que aquellos sistemas que son «antifrágiles» (es decir, que, en lugar de ser vulnerables al caos, se benefician de él) tienen mayor probabilidad de sobrevivir y prosperar en un mundo incierto y en constante cambio. En este sentido, la ciencia, a pesar de su énfasis en el orden y la precisión, también necesita abrazar el desorden para avanzar y adaptarse al cambio.

El desorden, la variabilidad, incluso el fracaso, pueden ser fuentes valiosas de aprendizaje e innovación. Nos obligan a replantearnos nuestras suposiciones, a buscar soluciones creativas y a adaptarnos a nuevas circunstancias. En última instancia, un cierto grado de desorden puede ser esencial para el progreso científico y tecnológico.

Pero que apueste por la equivocación como forma de aprender no significa que esté de acuerdo con equivocarse en todo. Debes intentar que tus errores no sean muy costosos. Sabiendo que vas a cometerlos, no es inteligente empezar con algo muy ambicioso o muy complicado, porque quizá te puedas equivocar una vez, pero si lo haces una segunda ocasión, no te quedará otra que abandonar.

Lo más recomendable, pues, es empezar con una idea lo más sencilla posible.

SOLUCIONANDO UN PROBLEMA SENCILLO

Mucha gente piensa que, para tener éxito como emprendedor, se necesita una idea innovadora, disruptiva, que cambie el mundo. Pero la verdad es que muchas de las empresas más exitosas comenzaron resolviendo problemas simples.

Cuando fundé Internxt, no estaba tratando de reinventar la rueda. Simplemente intentaba resolver un problema que había observado: mejorar la privacidad de los usuarios. Permitirles tener más control sobre sus datos.

Y eso es lo que hice. Empecé con una idea simple y la llevé adelante. No necesitaba una idea que fuera a cambiar el mundo de la noche a la mañana. Solo me hacía falta una solución a un problema que me importaba.

Que no te invada el espíritu mesiánico. Es probable que la mayor parte de tus ideas grandilocuentes ya las hayan tenido antes otras personas, y que si no se llevaron a cabo fue, precisamente, porque eran demasiado grandilocuentes.

Sobre todo si tu idea es tan disruptiva que, en apariencia, requiere eliminar muchas de las cosas que ya parecen funcionar. G. K. Chesterton, un escritor, filósofo y periodista británico de principios del siglo xx, describe una situación hipotética en la que nos encontramos con una valla en medio de un camino. A primera vista, esta parece no tener ningún propósito y podemos sentirnos tentados a quitarla. Pero Chesterton advierte contra la prisa por hacerlo. En su lugar, sugiere que debemos averiguar por qué se colocó inicialmente allí la valla. Solo después de entender su propósito y decidir que ya no es relevante o necesario, se debe proceder a eliminarla.

Me parece un buen consejo antes de perseguir una idea que aspire a revolucionar el *statu quo*.

Pero incluso en mi caso, en retrospectiva, he de confesar que quizá fui demasiado ambicioso o no supe calcular lo suficiente la complejidad a la que me enfrentaba. Por ejemplo, cuando empecé creando el servicio Internxt Drive, que era un concepto similar a Google Drive, fui incapaz de imaginar los años de trabajo que nos llevaría. Incluso aún hoy, en 2023, estamos desarrollando el servicio porque nos faltan un montón de cosas.

Consciente de la cantidad de recursos y tiempo que llevo invertidos en este servicio, posteriormente empecé a desarrollar otros más sencillos. Por ejemplo, un software de escaneo de virus online. Los servicios de escaneo de virus online son herramientas basadas en la web que analizan archivos y sitios web en busca de malware, incluyendo virus, spyware, ransomware y otros tipos de amenazas de seguridad. Son útiles para verificar archivos individuales o sitios web sin la necesidad de instalar un software antivirus completo. El proceso es bastante sencillo: el usuario solo tiene que subir el archivo o pegar la URL y esperar a que se complete el análisis.

Este servicio es simple de crear (básicamente tardamos una tarde) y de mantener y, sin embargo, nos ha proporcionado muchos más usuarios.

Así que sé ambicioso, pero no apuestes por la complejidad. Busca problemas sencillos que puedan tener soluciones simples.

Te voy a poner ejemplos de algunos casos de éxito que demuestran que no necesitas una idea revolucionaria ni millones de euros para comenzar. Solo necesitas una solución a un problema y la determinación para llevarla a cabo.

Tomemos el caso de MailChimp, que comenzó en 2001 como un proyecto secundario para una pequeña empresa de diseño web. Su objetivo era simple: facilitar el envío de newsletters por correo electrónico. Hoy, MailChimp es una de las plataformas de marketing por correo electrónico más populares del mundo, con millones de usuarios y cientos de millones de euros en ingresos. Así, MailChimp ha evolucionado de una simple herramienta de envío de newsletters por correo electrónico a una solución completa de marketing por correo electrónico. Con funciones como la segmentación de audiencia, el análisis de campañas, las plantillas de correo electrónico y las automatizaciones, la plataforma permite a las empresas implementar campañas de correo electrónico personalizadas y específicas de manera eficiente.

O considera el caso de Basecamp. Fue fundado en 1999 por Jason Fried, Ernest Kim y Carlos Segura bajo el nombre de 37signals, una pequeña compañía de diseño web con sede en Chicago. En los primeros días de la empresa, el equipo se encontró con varios desafíos relacionados con la gestión de proyectos. La comunicación entre los miembros del equipo, el seguimiento de las tareas y la coordinación de los esfuerzos eran problemáticos y requerían una solución más efectiva.

Observando la falta de herramientas adecuadas para su flujo de trabajo, el equipo decidió desarrollar su propia solución. Así nació Basecamp, una sencilla herramienta de gestión de proyectos diseñada para resolver sus problemas de coordinación interna. Se centraba en las funciones básicas pero esenciales para la gestión de proyectos, como listas de tareas, calendarios de proyectos, foros de discusión y almacenamiento de archivos.

A medida que la empresa comenzó a utilizar Basecamp internamente, se dieron cuenta de su potencial para ayudar a otros equipos y empresas. Así que decidieron lanzar Basecamp como un producto independiente en 2004, y fue recibido con entusiasmo por otros profesionales de la industria del diseño y el desarrollo web. Hoy en día, millones de personas en todo el mundo, desde pequeñas empresas hasta grandes corporaciones, utilizan Basecamp. Ha logrado su éxito a través de su enfoque en la simplicidad y la eficiencia, permitiendo a los equipos gestionar proyectos y tareas de manera más efectiva.

El caso de Basecamp es un poderoso ejemplo de cómo una empresa puede pivotar de una necesidad interna a un producto exitoso en el mercado global. Ilustra cómo la innovación, la adaptabilidad y un enfoque constante en resolver los problemas de los usuarios pueden llevar a una empresa desde sus humildes comienzos hasta convertirse en un actor líder en su campo.

Estos casos demuestran que no necesitas una idea revolucionaria para tener éxito. Solo te hace falta una solución a un problema y la determinación para llevarla a cabo.

Y con esto, concluimos nuestro tercer capítulo. Hemos explorado la parálisis por análisis, la importancia de la experiencia práctica, el poder de las soluciones simples, el valor de los errores y algunos inspiradores casos de éxito.

4

El tejido humano de la empresa

> Las personas no son tu activo más importante.
> Las personas correctas lo son.
>
> Jim Collins, autor y consultor
> de gestión

En este capítulo quiero centrarme en una de las piezas más cruciales de cualquier empresa: el equipo. La gente que hay detrás. Al fin y al cabo, el tejido conectivo de cualquier empresa es la gente que la sustenta.

Porque, si bien las empresas son entidades jurídicas que existen en un sentido legal y operacional, ciertamente no lo hacen en un sentido físico, como un objeto. Cuando decimos que una empresa «existe», lo que en realidad queremos decir es que se ha registrado de manera correcta ante las autoridades correspondientes y cumple con los requisitos legales para operar.

Las empresas existen, fundamentalmente, porque tienen gente detrás. Esto incluye a los propietarios y accionistas, los empleados, los gerentes, los directores y todos los demás que contribuyen a su funcionamiento. Estas personas aportan sus habilidades, experiencias, ideas y energía para hacer que la empresa funcione. Sin ellos, la empresa es tan solo una estructura legal y financiera vacía.

De este modo, seleccionar a la gente que te va a rodear es uno de los pasos más cruciales para construir tu visión. Imagina que tienes un hormiguero completamente vacío y debes escoger, una a una, las hormigas que vivirán en él. En función de tus selecciones, el hormiguero, como entidad eusocial, prosperará o, en caso contrario, colapsará. En este sentido, las personas no solo son una parte esencial de una empresa, sino también uno de sus activos más valiosos.

FOUNDER SOLITARIO VS. COFOUNDERS

Cuando comencé mi carrera como emprendedor, lo hice solo. Literalmente. Además, lo hice desde mi propia habitación en un piso compartido durante mi último año de carrera en Rotterdam. Tras abandonar Hostinger, me fui yo solo a California y alquilé un espacio de coworking en WeWork, una compañía estadounidense que proporciona espacios de trabajo compartidos para empresas emergentes, freelances, pequeñas compañías y grandes corporaciones. Pagaba seiscientos euros al mes por una mesa para mí solo, más tres mil euros de alquiler por un piso para dormir que en realidad era un zulo. Además, hacer la compra era carísimo, los vuelos hasta Valencia eran carísimos... Todo era caro.

Era una auténtica ruina. Dilapidé casi todos los ahorros que había acumulado por mi trabajo en Hostinger sin recibir apenas retorno.

Como fundador solitario, tienes un control total y una completa libertad para tomar decisiones. No tienes que convencer a los demás de tus ideas ni tampoco preocuparte por conflictos de equipo.

Imagina que estás gobernando un buque y, delante de ti, se interpone un iceberg. Decides girar hacia estribor, pero entonces hay alguien con tu mismo rango que dice justo lo contrario, que lo conveniente es ir hacia babor. Al final no os ponéis de acuerdo, el tiempo apremia y... chocáis contra el iceberg. Por consiguiente, al nivel de la toma de decisiones, resulta mucho más eficiente que haya un solo capitán.

No obstante, estar solo también conlleva una tremenda carga. Tienes que manejar todas las responsabilidades y desafíos por ti mismo, y esto puede ser agotador y solitario.

Sin embargo, con el transcurrir del tiempo, comprendí el valor de tener un equipo. Un buen equipo puede complementar tus habilidades, compartir la carga de trabajo, y traer nuevas ideas y perspectivas a la mesa.

Eso no significa que no crea que es más eficiente que haya un solo fundador, el verdadero capitán de la empresa, sino que considero que es importante que este se deje asesorar y apoyar por un buen equipo. Al final, la empresa no solo toma un rumbo más claro, sino que lo hace con mayores garantías.

Después de mi experiencia fallida en California, regresé a Valencia, entré en Lanzadera, la aceleradora de startups de Juan Roig (donde además no nos cobraban por la oficina), y empecé a contratar a los primeros empleados: un programador y una especialista en marketing. En Internxt he tenido la suerte de trabajar con un equipo increíblemente talentoso y dedicado que ha sido esencial para nuestro éxito.

Si empiezas solo, la probabilidad de que algo salga mal es mayor. La razón es sencilla: tienes menos conocimientos, menos habilidades y menos recursos para afrontar los imponderables. Por el contrario, cuando trabajas con más gente, si ignoras algo, alguien de tu equipo puede saberlo, y viceversa.

Este poder que emerge de la interacción entre varias mentes queda perfectamente ejemplificado en *El banquete*, un diálogo escrito por Platón sobre los años 385-370 a.C. En esta obra, varios personajes, incluyendo a Sócrates, intervienen en un simposio, que es una especie de fiesta en la que los invitados comen, beben y participan en discusiones filosóficas. Cada personaje aporta una perspectiva única sobre el tema de la discusión, que en este caso es el amor.

Lo que destaca Platón en su diálogo es la forma en que cada contribución individual a la discusión enriquece la comprensión colectiva del tema. Aunque cada individuo tiene su propia perspectiva, es solo a través de la colaboración y el intercambio de ideas que pueden llegar a una comprensión más completa y matizada.

En otras palabras, la sabiduría colectiva supera a la individual.

Uno de los ejemplos más concretos de cómo la sabiduría colectiva supera a la individual es la creación de Wikipedia. Esta enciclopedia en línea gratuita la escriben y editan por voluntarios de todo el mundo. Cada artículo puede editarlo cualquier persona con acceso a internet, lo que significa que el conocimiento de muchas personas diferentes contribuye a cada entrada.

El resultado es una enciclopedia con millones de artículos en más de trescientos idiomas, que cubre una variedad de temas increíblemente amplia. Esto es algo que ninguna persona podría lograr por sí sola, con independencia de cuán inteligente o erudita sea.

Además, la naturaleza colaborativa de Wikipedia significa que los errores o las omisiones en los artículos pueden corregirlos rápidamente otros usuarios. Esto contrasta con las enciclopedias tradicionales en papel, donde cualquier error en una entrada puede permanecer sin corregir hasta la próxima edición.

Naturalmente, trabajar en equipo tampoco es la panacea, pues también presenta una serie de desafíos. Aquí te menciono algunos:

1. **Conflictos de personalidad:** cada individuo tiene su propio estilo de trabajo, carácter y preferencias. Estas diferencias pueden dar lugar a conflictos si no se gestionan adecuadamente.

2. **Comunicación ineficaz:** la comunicación clara y eficaz es fundamental para el éxito del trabajo en equipo. Sin embargo, las barreras de comunicación, ya sean culturales, lingüísticas o de otro tipo, pueden dificultar la colaboración.

3. **Distribución desigual del trabajo:** en algunos equipos, ciertos miembros pueden acabar llevando una carga de trabajo desproporcionadamente grande, mientras que otros pueden no contribuir tanto como deberían. Esto puede generar resentimiento y disminuir la productividad del equipo.

4. **Toma de decisiones:** puede ser un proceso complicado, especialmente si los miembros del equipo tienen opiniones diferentes sobre la dirección que seguir. Llegar a un consenso puede llevar tiempo y resultar frustrante si no se maneja de la manera más adecuada.

5. **Falta de roles claros:** sin roles ni responsabilidades claramente definidos, los miembros del equipo pueden sentirse confundidos acerca de lo que se

espera de ellos. Esto puede llevar a la ineficiencia y la frustración.

6. **Dependencia de los demás:** en un equipo, tu éxito a menudo depende del trabajo del resto. Si uno de los miembros no cumple con sus responsabilidades, esto puede afectar a todo el equipo.

En efecto, la gestión de equipo, la toma de decisiones colectiva y los conflictos interpersonales pueden ser temas complicados. Pero, según mi experiencia, los beneficios de tener un equipo superan con creces los desafíos. Por si esto fuera poco, en muchas ocasiones los inversores prefieren financiar a equipos en lugar de a individuos cuando se trata de rondas de inversión semilla. La razón principal es que los inversores suelen creer que un equipo tiene mayores posibilidades de superar los desafíos y obstáculos que se presentan en las primeras etapas de una startup.

La única ventaja que veo de empezar solo tu proyecto, tal y como hice yo por mi mala planificación, es que, si todo te sale bien, luego tienes más control sobre tus ideas. Y, a largo plazo, los beneficios son mayores: a fin de cuentas, yo dispongo de casi el 80 % de mi empresa.

Este dilema, pues, se parece un poco a lo que te expuse en un capítulo anterior a la hora de evaluar los pros y contras de ser emprendedor o trabajar por cuenta ajena. Si quieres estabilidad y evitar la incertidumbre, mejor trabaja por cuenta ajena. Si, por el contrario, deseas apostar el todo por el todo, hazte emprendedor. De igual modo, si quieres reducir un poco la incertidumbre, opta por rodearte de gente. Si prefieres ir por libre para obtener el premio gordo, entonces el camino va a ser mucho más azaroso.

Para concluir este apartado, también debes tener en cuenta el sector en el que estás. Porque si empiezas solo, cuando la empresa crezca y necesites contratar a gente con más experiencia en el sector, seguramente tendrás que entregarles participaciones de tu empresa. Si estás en el sector textil, quizá esta dinámica no sea tan relevante, pero en sectores tecnológicos, donde por lo general hay mucha demanda y escasez de verdadero talento, entonces debes incentivar de ese modo a los empleados que contratas de forma relativamente temprana.

La contratación: de júnior a sénior

Mucha gente, cuando empieza a emprender, lo hace con amigos. Borra esta idea de tu cabeza. El nepotismo, aunque te permite rodearte de personas que ya conoces y con las que, en principio, hay confianza, puede volverse en tu contra. Básicamente porque, a la hora de prosperar, necesitas a los más capaces.

Si quienes te rodean están allí porque hay vínculos de amistad por encima de otros incentivos, puede pasarte lo mismo que a mí en el colegio, cuando tenía que afrontar un trabajo de grupo. Al final, como era muy perfeccionista y los demás no lo eran, o sencillamente no estaban tan motivados como yo, me tocaba hacer todo el trabajo a mí.

Cuando contratas a alguien, contratas talento y motivación. También debes valorar sus criterios morales, por supuesto, así como otros detalles de su personalidad. Pero, al menos en los primeros compases de vuestra relación comercial, la existencia de una mayor o menor amistad previa no es relevante.

La contratación es uno de los aspectos más desafiantes de dirigir una startup. Estás buscando a las personas adecuadas para tu equipo, personas que compartan tu visión, estén dispuestas a trabajar duro y traigan las habilidades y la experiencia necesarias para ayudar a tu empresa a crecer. Así que, otro punto importante es que, al principio, puedes estar más inclinado a contratar a personas júniores, recién salidas de la universidad o con poca experiencia laboral. Tienen un gran entusiasmo y están dispuestos a aprender. Pero también pueden carecer de las habilidades y la experiencia que necesitas.

Además, si estás empezando no te queda otra, porque es difícil convencer a una persona júnior que apueste por tu visión si no tienes nada sólido que ofrecerle.

A medida que tu empresa crece, es probable que necesites contratar a personas con más experiencia, o empleados séniores. Estos individuos pueden aportar un conocimiento profundo y habilidades especializadas a tu equipo. Pero también pueden ser más costosos y resultar todo un desafío atraerlos a una startup en lugar de que vayan a una empresa establecida.

También hay contextos en los que no puedes escoger tanto como te gustaría. Al principio de todo, cuando ya estaba en Valencia, me vi obligado a contratar al CTO (el líder del departamento de tecnología o ingeniería) que sencillamente podía permitirme. No gozaba de demasiada experiencia, porque acababa de graduarse. También tuve que contratar a gente de prácticas. Pero lo que quiero que permee en ti es que intentes contratar siempre a los mejores dentro de tus posibilidades.

En resumen, mi estrategia ideal de contratación sería esta: empezar con gente júnior, tanto la que te puedas permitir como la que crea en tu proyecto. A medida que este crezca y dispongas de más capital, entonces puedes ir optando por empleados más sénior. En el transcurso de este camino, muchos júniores irán creciendo personal y profesionalmente, pero otros se quedarán atrás. Los que crezcan serán tus nuevos séniores. El resto debe abandonar el barco.

Porque sí, cuando te equivoques contratando a alguien, algo que va a suceder, o cuando esa persona se quede atrás, recuerda que una manzana podrida pudre al resto. Si un miembro del equipo no cumple con sus responsabilidades, tiene una actitud negativa o muestra un comportamiento poco ético, no solo puede ser un lastre, sino que también puede fomentar un ambiente de trabajo tóxico. Esto puede disminuir la moral de los demás miembros del equipo, algo que a su vez puede llevar a un descenso de la productividad, un aumento del estrés y, en casos extremos, una mayor rotación de personal. En cuanto detectes que un empleado no funciona, tienes que prescindir de él lo más rápido posible.

En resumen: si quieres incrementar las probabilidades de que te vaya bien, intenta rodearte de personas inteligentes y que aporten valor.

Trabajo remoto: ventajas y desventajas de no tener a la otra persona delante de ti

El trabajo remoto se ha vuelto cada vez más popular en los últimos años, especialmente después de la pandemia de la covid-19. En Internxt hemos abrazado el trabajo remoto desde el principio y ha sido una experiencia enriquecedora.

El trabajo remoto ofrece muchas ventajas. Permite a las personas trabajar desde cualquier lugar, lo que ofrece una gran flexibilidad y puede mejorar su calidad de vida. También te permite acceder a un grupo más amplio de talentos, ya que no estás limitado a contratar personas en tu área geográfica local.

Sin embargo, el trabajo remoto también tiene sus desafíos. La colaboración y la comunicación pueden ser más difíciles cuando no estás en el mismo lugar físico. También puede ser más complicado establecer una cultura de empresa fuerte y cohesiva. Además, el trabajo remoto puede llevar al aislamiento y a la falta de límites entre la vida laboral y la personal.

Por ejemplo, en mis primeros días en California, cuando estaba despilfarrando mis ahorros en un piso cochambroso y el espacio en WeWork, aún malgasté más dinero contratando a dos trabajadores freelance para que empezaran a desarrollar el producto en colaboración conmigo. No vivían en California, sino en Serbia, porque contratarlos en ese estado era tremendamente caro. Trabajaban en remoto, y esto fue un tremendo error. Porque desarrollar el producto es lo más *core* de la empresa, además de que, en mi caso, era muy complejo. Ambos estaban tan desvinculados de mi proyecto que apenas se implicaron. Creo que a veces, literalmente, no hacían nada.

En Internxt hemos trabajado duro para superar estos desafíos. Hemos implementado herramientas y procesos para facilitar la colaboración y la comunicación. También hemos trabajado en la construcción de una cultura de empresa sólida, incluso aunque no estemos todos en el mismo lugar físico.

Al final del día creo que el trabajo remoto es una herramienta poderosa, pero como cualquier herramienta, debe usarse correctamente. Con la estrategia adecuada, puede ser una gran ventaja para tu startup.

Sea como fuere, cuando empieces, intenta estar en contacto con los demás. Debéis estar todos trabajando en el mismo sitio.

Por otro lado, más allá de la eficiencia del trabajo remoto, ten en cuenta que el contacto físico real es importante. Por mucho que hayan mejorado las experiencias 2.0, nada supera al 1.0 (al menos, de momento). Así que, de vez en cuando, vale la pena tener reuniones presenciales con tu equipo. También es recomendable hacer salidas conjuntas, o implantar una metodología de trabajo híbrida, en la que dispongas de una oficina central a la que la gente pueda acudir de forma flexible para trabajar de forma conjunta cuando quieran. Es lo que hacemos en Internxt.

En este sentido considero también relevante el concepto de *team building*, o «construcción de equipos», un término general que se refiere a una variedad de métodos utilizados para mejorar las relaciones sociales y definir roles dentro de los equipos, a menudo implicando tareas colaborativas. Es un aspecto fundamental de la gestión eficaz de equipos y organizaciones. El propósito de las actividades de *team building* es fomentar el trabajo en equipo y la colaboración, mejorando a la vez las habilidades de comunicación y resolución de problemas. Además, estas actividades pueden ayudar a fomentar la confianza y el compañerismo entre los miembros del equipo, lo que puede mejorar la moral y la productividad global.

Las actividades de *team building* pueden variar desde simples ejercicios rompehielos hasta retiros de equipo de varios días, y pueden involucrar juegos, desafíos de resolución de problemas, talleres y ejercicios de simulación. La idea es que, al trabajar juntos fuera de su entorno laboral normal, los miembros del equipo pueden mejorar sus relaciones, aprender más sobre las fortalezas y debilidades de cada uno y mejorar su capacidad para trabajar juntos de manera efectiva.

Al fin y al cabo somos criaturas sociales y necesitamos el contacto real. Y eso no solo nos hace felices, sino también más competentes, tal y como explica Susan Pinker en su libro *El efecto aldea*. Pinker no solo recalca que las interacciones sociales cara a cara son fundamentales para nuestra salud y bienestar, sino que habla de cómo las interacciones sociales afectan a nuestro cerebro, influyendo en nuestras emociones y nuestra capacidad para manejar el estrés. Además, algunos estudios han sugerido que la interacción social puede tener beneficios para la función cognitiva.

En conclusión, podemos resumir así algunas de las principales ventajas de tener conversaciones cara a cara en lugar de comunicarnos a través de internet:

- **Comunicación no verbal:** cuando hablamos en persona, usamos una gran cantidad de comunicación no verbal que no está disponible cuando lo hacemos a través de internet. Esto incluye expresiones faciales, lenguaje corporal, contacto visual y tono de voz.
- **Conexión y empatía:** en una comunicación cara a cara somos más capaces de percibir las emociones del otro y responder a ellas de manera empática.
- **Menos malentendidos:** al hablar en persona tenemos la oportunidad de aclarar las confusiones al instante, mientras que en la comunicación online los mensajes pueden interpretarse de forma errónea y la retroalimentación ser lenta.

- **Mejora de la concentración:** las distracciones son más frecuentes cuando se utiliza la tecnología. En cambio, en una conversación cara a cara es más probable que estemos centrados en la otra persona y en la conversación.
- **Salud mental:** las interacciones en persona pueden ser más beneficiosas para nosotros que las interacciones online.

Y con esto llegamos al final de nuestro cuarto capítulo. Hemos explorado la dinámica de trabajar solo versus en equipo, la importancia de la contratación, desde los júniores a los séniores, y el fenómeno del trabajo remoto.

Espero que estas reflexiones te ayuden a comprender mejor los desafíos y las oportunidades que conlleva la construcción de un equipo. En definitiva, una startup es tan buena como el equipo que la respalda, así que tómate el tiempo necesario para construir el tuyo.

Nos vemos en el próximo capítulo, donde nos adentraremos en el mundo de la financiación de las startups, desde la captación de fondos hasta la gestión del flujo de caja. Hasta entonces sigue trabajando duro, sigue aprendiendo y, sobre todo, sigue creyendo en tus sueños.

5

TRACCIÓN

Product Market Fit significa estar en un
buen mercado con un producto que puede satisfacer ese mercado.

MARC ANDREESSEN, cofundador de
Netscape y socio de la firma
de capital de riesgo
Andreessen Horowitz

Raymond Loewy fue un diseñador industrial francoesta-
dounidense que tuvo un impacto significativo en varias
áreas del mundo del diseño durante el siglo XX. Nacido
en París en 1893, Loewy emigró a Estados Unidos en
1919 y llegó a ser conocido como el «padre del diseño
industrial moderno».

Durante la mitad del siglo xx, la firma de Loewy fue responsable de diseñar algunos de los elementos más reconocibles de la cultura estadounidense, incluyendo los logotipos de Shell, Exxon, TWA, BP y Greyhound; productos de consumo como la máquina dispensadora de Coca-Cola y la caja de Lucky Strike; así como vehículos, incluyendo la imagen que aún mantiene el Air Force One, el avión del presidente de Estados Unidos, con sus colores blanco y un azul «ultramarino», la bandera en la cola y un sello presidencial a cada lado. En 1950, la revista *Cosmopolitan* declaró que Loewy «había impactado probablemente en la vida diaria de más estadounidenses que cualquier otra persona de su tiempo».

La filosofía de diseño de Loewy se condensaba en un acrónimo de cuatro letras: MAYA. A su juicio, los consumidores se encontraban constantemente en conflicto entre dos fuerzas contrapuestas:

1. La neofilia, el interés o la atracción por lo nuevo.
2. La neofobia, el temor o la aversión hacia lo demasiado nuevo o desconocido.

Por consiguiente, los consumidores se sienten atraídos por los productos que son innovadores pero también inmediatamente comprensibles o familiares. Loewy denominó a esta teoría «*Most Advanced Yet Acceptable*» («lo más avanzado pero aceptable»), que se acorta como MAYA. Es decir, el producto o diseño debe ser lo bastante vanguardista para ser nuevo y emocionante, pero también debe ser lo bastante familiar para ser aceptable y cómodo para los consumidores.

Este equilibrio no resulta fácil de conseguir. Pero tampoco lo es saber qué quiere la gente o qué necesidades tiene el mercado.

Durante muchos años hemos trabajado arduamente en nuestro producto en el vasto universo de internet y, al final, hemos alcanzado el éxito debido a que satisfacía una demanda existente. Nos centramos en el ámbito de los servicios de almacenamiento en la nube, un campo que, aunque bastante estandarizado, aún ofrece oportunidades para innovar y mejorar.

Eso no significa que estemos intentando reinventar la rueda. No estamos buscando transformar por completo el panorama tecnológico, ni estamos intentando lanzar un producto tan radicalmente diferente como un automóvil que puede funcionar bajo el agua y luego regresar a la carretera. En mi opinión, quizá ese nivel de innovación extrema no sea lo que el mercado está buscando.

Tesla es un ejemplo representativo. Si bien la industria automovilística está muy consolidada, Tesla no reinventó la rueda, literalmente, sino que cambió un motor de combustión por otro eléctrico. Y, sin embargo, ha revolucionado en gran parte el sector.

En el caso de Internxt, estamos ofreciendo un producto que ya tiene un sólido lugar en el mercado, pero que hemos logrado mejorar con nuestras propias innovaciones.

En particular, hemos agregado un enfoque renovado en la privacidad, algo que creemos que es de gran valor para nuestros usuarios en un mundo cada vez más interconectado y vigilado.

Sin embargo, alcanzar este punto de tracción no ha sido un proceso rápido. Nos ha llevado bastante tiempo llegar a donde estamos ahora, a pesar de la solidez y la innovación de nuestro producto. Este recorrido subraya el hecho de, incluso con un producto que satisface una demanda y ofrece mejoras innovadoras, encontrar un punto de equilibrio.

A continuación, voy a explicarte algunos pasos básicos para alcanzar ese punto.

Consiguiendo las primeras métricas

En nuestro caso, para empezar a promocionar el producto, invertimos alrededor de medio millón de euros en Google Ads, una plataforma publicitaria en línea desarrollada por Google. Y no nos sirvió para absolutamente nada.

El problema es que las empresas más grandes son las que más pagan y, por consiguiente, las que tienen mayor visibilidad. El que más paga, además, está gastándose el máximo posible para que le resulte rentable. Tienen sus procesos muy bien estudiados y optimizados. No hay forma de competir contra eso si no partes de una empresa consolidada. En muchos casos, además, las compañías llegan a pagar por visibilidad, aunque no les resulte rentable. Por el mero hecho de aparecer.

Con todo, se puede consolidar tu presencia y resultados en Google sin tener que pagar por publicidad. Esto es gracias a las técnicas de SEO (sigla de «*Search Engine Optimization*»), que pueden ayudarte a mejorar la visibilidad de tu sitio web en los resultados de búsqueda orgánicos de Google. Algunas estrategias básicas que se emplean en las técnicas de SEO pasan por la investigación de palabras clave para entender qué términos están empleando los usuarios y luego optimizar tu sitio web y contenido para esas palabras clave. Google también toma en cuenta la experiencia del usuario en tu sitio web. Asegúrate de que sea fácil de navegar, tenga un diseño atractivo y proporcione una experiencia de usuario positiva. Finalmente puedes emplear herramientas como Google Analytics y Google Search Console para monitorear el rendimiento de tu sitio web y hacer ajustes basados en datos.

Como alternativa para evitar tirar el dinero, en Internxt hemos invertido en marketing de afiliados, empleando para ello herramientas como Awin o Impact. Estas herramientas en particular ofrecen servicios de tracking e interfaz para ayudar a los afiliados a optimizar sus campañas de afiliación. Cuando un usuario busca en Google conceptos como «almacenamiento en la nube», aparte de los resultados orgánicos y los de Google Ads, se muestran los típicos blogs en los que puedes aparecer gracias a la afiliación.

Es decir, que hay tres estrategias básicas para aparecer en las búsquedas: ads, SEO y afiliados.

Te lo resumo con sus pros y contras:

1. **Ads (publicidad de pago por clic, PPC):** las empresas pueden pagar para aparecer en los resultados de búsqueda de Google a través de Google Ads, o en los feeds de redes sociales como Facebook e Instagram a través de Facebook Ads, entre otras opciones. Estos anuncios suelen aparecer en la parte superior de los resultados de búsqueda y se destacan de las entradas orgánicas. La ventaja de esta estrategia es que puede generar tráfico de forma casi inmediata, pero el inconveniente es que puede ser costoso y el tráfico puede disminuir tan pronto como se deje de pagar por los anuncios.

2. **SEO:** implica optimizar el contenido y la estructura de un sitio web para que aparezca antes en los resultados de búsqueda orgánica. Esto puede incluir el uso de palabras clave relevantes, la creación de contenido de alta calidad, la mejora de la velocidad de carga del sitio, la obtención de backlinks de otros sitios web respetados y más detalles. A diferencia de los anuncios, el SEO puede proporcionar un flujo constante de tráfico a largo plazo, pero puede llevar más tiempo ver los resultados y requiere un trabajo constante para mantenerse al día con los algoritmos cambiantes de los motores de búsqueda.

3. Marketing de afiliados: esta es una estrategia por la que las empresas pagan a terceros (afiliados) para promocionar sus productos o servicios. Cuando un cliente hace una compra a través del enlace del afiliado, este recibe una comisión. Los programas de afiliados pueden ser una forma efectiva de aumentar la visibilidad y las ventas, ya que estos tienen sus propias audiencias y pueden promocionar los productos o servicios de una manera que se sienta más personal y menos promocional que los anuncios tradicionales. Sin embargo, esta estrategia también requiere un control y seguimiento adecuados para asegurarse de que los afiliados estén representando adecuadamente la marca.

Llevar a cabo una alianza o partnership también puede ser una excelente estrategia para iniciar y optimizar una campaña, y en nuestro caso nos ha funcionado. En una asociación de este tipo, los afiliados y los comerciantes pueden colaborar de manera efectiva para alcanzar sus objetivos mutuos.

Por un lado, la empresa o el comerciante obtiene acceso a una audiencia más amplia y puede aumentar la conciencia de marca y las ventas. Por otro lado, el afiliado puede obtener ingresos a través de comisiones por ventas o leads generados a través de su sitio web o plataforma. Para que un partnership sea exitoso, es importante que ambas partes estén alineadas en términos de sus objetivos y expectativas.

Asegúrate de investigar bien y elegir una empresa de buena reputación para hacer partnership, y también que sus productos o servicios sean relevantes y de interés para tu audiencia. Con el enfoque y la estrategia correctos, un partnership puede ser una excelente manera de comenzar y optimizar tus campañas de afiliación.

En nuestro caso, esta alianza la establecimos con Pc-Componentes, un comercio electrónico español de tecnología, especializado en productos informáticos, electrónicos y electrodomésticos que quería ofrecer un servicio de *cloud* a sus clientes pero no querían desarrollarlo. De modo que ofertaron nuestro servicio marcando un modelo de comisión.

Finalmente, también hemos publicado landing pages de productos pequeños o subproductos que hemos desarrollado para captar nuevos usuarios.

Una landing page, también conocida como «página de aterrizaje», es una página web diseñada específicamente para convertir visitantes en clientes futuros o actuales. Es el lugar al cual llega una persona después de hacer clic en un anuncio, un enlace en un correo electrónico, una publicación en las redes sociales, etc.

Las landing pages suelen tener un enfoque muy concentrado y se diseñan con un solo objetivo en mente, la llamada a la acción (o CTA por sus siglas en inglés). Esta puede ser cualquier cosa: descargar un libro electrónico, registrarse para un webinar, obtener un descuento, inscribirse en una lista de correo, entre otros.

Este es un ejemplo clásico de técnicas de crecimiento acelerado, también conocidas como «Growth Hacking», un conjunto de estrategias utilizadas en marketing con el objetivo de adquirir la mayor cantidad de usuarios o clientes al menor costo y en el menor tiempo posibles.

Dicho esto, es el momento de examinar en profundidad el concepto de tracción, o «Product Market Fit», que es uno de los aspectos más críticos en la creación de una startup y en la comercialización de cualquier producto. Antes de sumergirnos en este tema, es importante recordar que, como con cualquier logro, detrás de cada éxito hay años de esfuerzo, experimentación y fracasos. Es decir, que incluso si llevas a cabo todos los procesos de forma correcta, puede que te equivoques. Y con cada error, podrás volver a intentarlo de forma más eficiente.

Concretamente, el Product Market Fit se refiere a la alineación perfecta entre un producto o servicio y el mercado al que está destinado. Cuando tu producto satisface una necesidad palpable en un mercado específico y es capaz de hacerlo de manera única o superior a la de sus competidores, se dice que has encontrado el Product Market Fit.

Este concepto se ilustra con el ejemplo de la pandemia de la covid-19, donde quien tuvo la previsión de abastecerse de mascarillas logró una fortuna inesperada. El producto, las mascarillas, era simple, pero en el contexto de una pandemia mundial, la demanda se disparó, la oferta no pudo mantenerse al día, y se trataba de la solución ideal para una necesidad urgente y universal: la protección personal. Esta es la esencia del Product Market Fit: un producto o servicio que resuelve una necesidad de forma efectiva en un contexto de demanda suficiente.

Ahora bien, conseguir la tracción o el Product Market Fit no es un camino fácil, y mucho menos corto. Contrariamente a algunas percepciones erróneas que sugieren que los emprendedores alcanzan el éxito de la noche a la mañana, la realidad es que el camino hacia la tracción es un viaje de largo plazo lleno de altibajos.

Un buen ejemplo que ilustra este punto es el caso del tenis profesional. Considera al entrenador del famoso tenista Rafa Nadal. No todos los que se esfuerzan y practican el tenis con dedicación llegan a ser profesionales, y mucho menos campeones. De la misma manera, no todas las empresas que trabajan duro para desarrollar un producto o servicio encuentran el Product Market Fit.

Además del esfuerzo y la dedicación, también debes tener en cuenta otros factores, como el momento y el equipo adecuados, y la suerte de tener un producto que de verdad satisfaga una necesidad del mercado. Es posible trabajar duro y a lo largo de mucho tiempo en un producto que nunca encuentra su mercado. Y este es el caso de muchas startups que desarrollan productos sumamente sofisticados y complicados que, al final, no resuelven una necesidad real o no logran generar interés en los clientes.

La complejidad no es siempre un indicador de éxito. De hecho, puede dificultar el camino hacia el Product

Market Fit si complica innecesariamente la vida de los usuarios o si se convierte en un obstáculo para el empleo eficiente y efectivo del producto. Tomemos como ejemplo el éxito de los videojuegos sencillos pero adictivos, o el ya mencionado caso de las mascarillas durante la pandemia. Ambos son claros ejemplos de cómo productos simples pueden satisfacer una necesidad de manera eficiente y efectiva, logrando una gran tracción en sus respectivos mercados.

Por lo tanto, la búsqueda del Product Market Fit debe centrarse en la eficiencia y la simplicidad, en lugar de complicar las cosas de manera innecesaria. No importa cuán novedoso, sofisticado o tecnológicamente avanzado sea un producto, si no satisface una necesidad real del mercado o si es demasiado complicado para su público objetivo, será difícil encontrar la tracción necesaria para su éxito.

ITERAR Y MEJORAR: EL VALOR DEL MVP

MVP, «*Minimum Viable Product*» o «producto mínimo viable», es un concepto ampliamente utilizado en el desarrollo de startups y productos, en especial en el enfoque de Lean Startup, del que te hablaré enseguida.

El valor del MVP se refiere a la mínima cantidad de funcionalidad que un producto debe tener para lanzarse al mercado y proporcionar valor a los usuarios, al mismo tiempo que ofrece suficiente feedback a los desarrolladores para iterar y mejorar el producto.

El objetivo de un MVP es probar una hipótesis de negocio con el mínimo esfuerzo posible para validar si la dirección del producto es correcta. Es decir, en lugar de desarrollar un producto completamente formado y lanzarlo al mercado solo para descubrir que no hay demanda para él, los emprendedores crean un MVP con suficiente valor para atraer a los usuarios tempranos y conseguir retroalimentación para futuras iteraciones del producto.

El valor del MVP, por lo tanto, radica en su capacidad para validar o refutar las suposiciones de los creadores de productos sobre su mercado objetivo con el mínimo de tiempo, esfuerzo y recursos. Permite a las empresas aprender lo más rápido posible sobre lo que quieren y necesitan sus clientes, y adaptar su producto en consecuencia.

Todo este enfoque, como te adelantaba, está enmarcado en el llamado Lean Startup, una metodología para desarrollar negocios y productos que busca acortar los ciclos de desarrollo de estos últimos y mejorar la eficacia de las empresas. Fue propuesto por Eric Ries, un emprendedor estadounidense y autor del libro *El método Lean Startup*.

La metodología Lean Startup propone que, en lugar de elaborar un plan de negocio detallado, los emprendedores deberían probar, experimentar e iterar su enfoque a medida que van aprendiendo más sobre su mercado. Estos son algunos principios fundamentales:

1. **Validación de hipótesis:** en lugar de hacer suposiciones, las empresas deben probar sus ideas a través de experimentos científicos para validar o refutar sus suposiciones comerciales.
2. **Desarrollo ágil:** las empresas deben apuntar a acortar los ciclos de desarrollo del producto y liberar rápidamente iteraciones del producto para aprender de la retroalimentación del usuario.
3. **Producto Mínimo Viable (MVP):** como te he explicado antes, se trata de crear la versión más básica de un producto que pueda lanzarse al mercado para comprobar si hay demanda para el producto.
4. **Medida:** deben medirse los resultados de manera rigurosa y constante para aprender lo que funciona y lo que no.
5. **Aprendizaje validado:** proceso que se utiliza para probar y medir la eficacia de las hipótesis.
6. **Perseverar:** basado en los aprendizajes validados, las empresas deben decidir si pivotar (cambiar una estrategia fundamental) o perseverar (mantener la actual).

El objetivo final de la metodología Lean Startup es ayudar a las empresas a ser más eficientes con sus recursos y a minimizar el tiempo y el esfuerzo desperdiciados en ideas que no funcionan.

Con todo, como ya te he repetido varias veces, aunque te esfuerces y trabajes arduamente, no siempre vas a encontrar ese Product Market Fit. Si observas que, a pesar de los años de duro trabajo y constante mejora del producto, no logras avanzar y obtener tracción en el mercado, entonces podría ser el momento de reconsiderar tu estrategia. Es posible que no sea suficiente con solo esforzarse y trabajar duro. Tal vez necesites replantear tu producto, tu mercado objetivo o incluso tu equipo.

En el caso del equipo, es fundamental tener un grupo de personas competentes y comprometidas que puedan ayudarte a desarrollar un producto competitivo. Un buen equipo puede ser la diferencia entre el fracaso y el éxito. Pueden ayudarte a identificar oportunidades, a enfrentarte a desafíos y a adaptarte a los cambios del mercado de manera más efectiva.

En cuanto al producto, es importante que sea competitivo, pero también debe haber una demanda en el mercado. Podrías tener el producto más innovador y bien diseñado del mundo, pero si estás creando algo que la gente no necesita, es probable que te resulte difícil encontrar el ansiado Product Market Fit.

En resumen, conseguir tracción o el Product Market Fit no es una tarea fácil. Requiere tiempo, esfuerzo, perseverancia y un equipo sólido. Además, no es suficiente tener un producto innovador o sofisticado. Debes asegurarte de que satisfaga una necesidad real en el mercado y sea fácil de usar. Y, a pesar de todo el trabajo duro y el esfuerzo, eso no siempre se logra.

Al final del día, la búsqueda del Product Market Fit es un proceso continuo. Incluso cuando lo encuentras, debes seguir trabajando para mantenerlo, adaptándote a los cambios del mercado y a las necesidades cambiantes de tus clientes. Porque, finalmente, conseguir y mantener la tracción es esencial para el éxito a largo plazo de cualquier producto o servicio.

Así que no te desanimes si todavía no has encontrado tu Product Market Fit. Sigue trabajando duro, aprendiendo de tus errores y experimentando.

Porque recuerda: el camino hacia la tracción es un viaje, no un destino.

CRECER DE FORMA RENTABLE

Hay que ser consciente de que el proceso de iterar es caro y consume muchos recursos.

No es raro que un emprendedor dedique dos o tres años a trabajar en algo sin tener la certeza de que finalmente funcionará. Por tanto, cuanto más económico pueda volverse este proceso, mejor será para el proyecto.

Aprendí esto en mi experiencia como fundador único de mi empresa. Cometí un error al contratar personal demasiado pronto. Si se tiene un equipo de cofundadores, se pueden distribuir tanto la carga financiera como la moral durante este proceso de prueba y error. Los cofundadores pueden estar más dispuestos a trabajar sin cobrar durante un tiempo, compartiendo el riesgo y el potencial de recompensa. Sin embargo, si ya tienes empleados a quienes debes pagar nóminas, la presión para generar ingresos rápidamente puede ser mucho mayor.

Además de estos desafíos iniciales, es esencial adoptar un enfoque de desarrollo de producto incremental. En lugar de esperar a tener un producto perfecto antes de lanzarlo, es beneficioso lanzar versiones tempranas y recopilar feedback de los usuarios.

Por ejemplo, en lugar de pasar años desarrollando un software de almacenamiento en la nube antes de lanzarlo, puedes lanzar una versión básica y luego ir agregando más funciones basándote en el feedback de los usuarios. Así, además de en recoger métricas y hacer análisis, siempre he creído en la importancia de la comunicación directa con los clientes. Por esa razón invierto un par de horas al día para hablar con ellos y resolver sus problemas. Conocer de primera mano los desafíos a los que se enfrentan nuestros usuarios nos ayuda a mantener los pies en la tierra y a centrarnos en lo que realmente importa.

En este proceso es crucial tener en cuenta que siempre habrá usuarios tempranos dispuestos a probar tu producto, incluso si todavía no es perfecto. A través de esta estrategia hemos recopilado una gran cantidad de feedback de usuarios, que ha sido clave para mejorar nuestro producto.

Por ejemplo, descubrimos que la mayoría de nuestros usuarios de pago utilizaban nuestra aplicación de escritorio. Por lo tanto decidimos destinar más recursos a mejorar esa parte de nuestro servicio.

Este enfoque basado en el producto, o Product Lead Growth (PLG), ha sido esencial para nuestro crecimiento.

En una empresa que sigue la estrategia de PLG, el producto es el centro de todas las iniciativas de marketing y ventas. El objetivo es crear un producto tan bueno y valioso que los usuarios no solo quieran utilizarlo, sino que también lo recomienden a otras personas. Esto a menudo implica un fuerte enfoque en el diseño de la experiencia del usuario, la facilidad de utilización, y la entrega de un valor claro y comprensible para el cliente desde el primer uso.

A diferencia de los modelos tradicionales de ventas y marketing, donde se requiere de un esfuerzo significativo para atraer y convencer a los clientes, en un modelo de PLG, es el producto mismo el que los atrae, los convence de su valor, y los incita a pagar por características o capacidades adicionales.

Un buen ejemplo de Product Lead Growth es Slack. En lugar de requerir que las empresas compren una licencia de software por adelantado, Slack permite que los equipos comiencen a usar el software de forma gratuita. Una vez que los equipos descubren el valor de la herramienta y empiezan a depender de ella para su comunicación diaria, están más dispuestos a pagar por las funciones premium.

En resumen, el Product Lead Growth es una estrategia centrada en la construcción de un producto excelente que satisfaga las necesidades de los usuarios de tal manera que impulsen su adopción y expansión, y ayuden así al crecimiento general del negocio.

Además, en mi caso, he intentado ser muy Product Centric. Algunos ejemplos de empresas que son conocidas por su enfoque de Product Centric incluyen Apple y Tesla. Ambas se centran en la creación de productos innovadores y de alta calidad.

El enfoque «Product Centric» (centrado en el producto) y la estrategia «Product Lead Growth» (crecimiento liderado por el producto) están estrechamente relacionados, aunque no son lo mismo.

Como mencioné antes, una empresa que adopta un enfoque centrado en el producto se concentra en desarrollar y ofrecer el mejor producto posible. Se preocupa por la innovación, la calidad y el valor que ofrece a sus usuarios.

Por otro lado, una estrategia de Product Lead Growth (PLG) se basa en utilizar el producto como el principal motor de adquisición, retención y expansión de clientes. Es decir, se centra en crear un producto tan bueno y valioso que los usuarios no solo quieran utilizarlo, sino que también lo recomienden a otros, lo que lleva a un crecimiento orgánico y sostenido de la empresa.

Por lo tanto, aunque son conceptos distintos, están estrechamente relacionados: una empresa que adopta un enfoque centrado en el producto tiene más probabilidades de tener éxito con una estrategia de PLG porque si este es excelente, será más fácil atraer y retener usuarios. Sin embargo, es posible adoptar un enfoque centrado en el producto sin seguir necesariamente una estrategia de PLG, y viceversa.

En resumen, un producto de alta calidad y centrado en el usuario es esencial para el éxito de una estrategia de PLG, pero también son necesarios otros factores, como un modelo de negocio adecuado, una buena experiencia de usuario y un mercado con suficiente demanda.

Aceleradoras vs. incubadoras

Llegados hasta aquí, quizá te estás preguntando en qué ecosistema te sería más fácil integrarte para llevar a cabo estos enfoques.

En principio, yo tiendo a estar a favor de las aceleradoras y en contra de las incubadoras.

No en vano, Internxt existe gracias a Lanzadera, aceleradora de empresas que se ubica dentro del ecosistema empresarial conocido como Marina de Empresas. Esta iniciativa, impulsada por el conocido empresario español Juan Roig, como ya he comentado, tiene como principal objetivo proporcionar apoyo a los líderes emprendedores, a fin de crear empresas competitivas, eficientes y que generen un impacto positivo en la sociedad. Desde su creación en 2013, Lanzadera ha desempeñado un papel fundamental en el ecosistema emprendedor español, acelerando decenas de empresas.

Dentro de la variada gama de proyectos que alberga la aceleradora de empresas Lanzadera encontramos startups que se aventuran a innovar incluso en sectores más tradicionales y arraigados, como es el caso de la industria de las pizzas. Un ejemplo notable es Del Poble Pizzería. Rubén Santos e Isabel Fayos abrieron su primer local hace unos años, y hoy ya cuentan con alrededor de cien locales, facturando unos diez millones de euros al año. Como decía anteriormente, no hace falta reinventar la rueda para tener éxito en el mundo de los negocios. Mucho está en la creatividad y la ejecución de tu idea. Otro caso de éxito similar es de la empresa de ropa Nude Project. Insisto, crear una empresa no es una carrera para ver quien se complica más la vida. Cuanto más sencilla es la idea, más fácil va a ser trabajarla y escalarla, y menos dependerás de terceros para poder financiar su supervivencia.

Sobre todo en los primeros compases, cuando lo habitual es que haya muchas cosas que ignoras, una aceleradora siempre te va a ofrecer asesoría, recursos y una oficina para que puedas trabajar con tu equipo de forma presencial.

Por el contrario, una incubadora une a varias personas que no se conocen de nada, les ofrece una idea, en general, muy poco madurada y permite que la desarrollen. Tienes que asistir a mentorías y otros procesos y puede estar bien para montar proyectos pequeños. Además, hay que tener en cuenta que las incubadoras suelen dar un porcentaje pequeño de la empresa a cada miembro del equipo y se quedan con la mitad de todo, así que, en el fondo, no eres más que un empleado. Por el contrario, la aceleradora no solo es gratuita, sino que no se queda ningún porcentaje de tu empresa.

Cada modelo tiene sus propias ventajas e inconvenientes, y la elección depende de las necesidades específicas y el estado de desarrollo de tu startup. Es importante que investigues a fondo y considerar varias opciones antes de decidir cuál es la mejor para tu negocio.

6

Financiación

Persigue la visión, no el dinero; el dinero terminará siguiéndote.

Tony Hsieh, difunto CEO de
Zappos

La financiación de una empresa es una fase crítica en el proceso de emprendimiento. Conocida también como «etapa de capitalización», se trata del proceso mediante el cual un emprendedor adquiere los recursos financieros necesarios para poner en marcha y hacer crecer su empresa. Aunque es esencial para la supervivencia y el éxito de cualquier negocio, la financiación también presenta una serie de desafíos únicos que pueden ser difíciles de superar.

Una ronda de financiación tiene lugar cuando necesitas dinero y alguien te lo proporciona, ya sea a través de una subvención pública, un banco, un inversor privado o un fondo de inversión. Es importante que la cantidad sea la menor posible de dinero, ya que la solicitud de financiación puede ser costosa en términos de tiempo, valoración de la compañía y porcentaje de participación.

Personalmente, considero que debes evitar acumular deuda a toda costa para financiar tu proyecto. Sobre todo, al principio. Y siempre siempre siempre debes evitar los avales personales.

En primer lugar, porque iniciar un negocio sin acumular una gran cantidad de deuda puede permitirte disponer de una mayor flexibilidad financiera. La ausencia de deudas puede darte más libertad para explorar diferentes oportunidades de crecimiento sin la presión de tener que generar ingresos inmediatos para pagar los préstamos.

En segundo lugar, debes evitar poner avales personales porque así protegerás tus activos en caso de que el negocio no funcione como se esperaba. Los avales personales pueden poner en riesgo tu patrimonio, incluyendo tu casa, tu coche o tus ahorros.

Por ejemplo, cuando yo empecé en California, cometí la temeridad de asumir una deuda de cincuenta mil euros. Sin embargo, ya en Lanzadera, en Valencia, se me brindó la posibilidad de acumular deuda de forma responsable: con cero por ciento de interés, sin equity, y sin garantías o avales personales.

De nuevo, como ves, existen muchas posibilidades sin salir de España. No te compliques la vida. Aunque suena fascinante contar que te mudas a Silicon Valley para emprender, a efectos prácticos son más los inconvenientes que las ventajas. Ni siquiera la carga impositiva cuando empiezas con una empresa es relevante en ese sentido, porque es raro que los primeros años obtengas beneficios, así que tampoco vas a pagar impuestos. En suma: escoge la ubicación geográfica por comodidad. Apuesta siempre por la sencillez.

Por otro lado, también resulta fundamental tener mucho cuidado a la hora de escoger a un inversor. Se trata de una persona que va a formar parte de tu empresa, así que tu selección debe ser tan meticulosa como la que has ejercido a la hora de contratar personal para tu equipo. Para ello tampoco importa que hayas establecido tu empresa en España, porque igualmente podrás encontrar inversores extranjeros.

En función de la fase en la que te encuentres y de tus posibilidades, escoge siempre a los mejores inversores. Y también, como te recomendé con los empleados, haz limpieza en cuanto puedas si hay algo que crees que no funciona. Recuerda que una manzana podrida puede pudrir el resto y debes actuar siempre lo más rápido posible para corregirlo.

FUENTES DE FINANCIACIÓN

Una de las principales dificultades que enfrenta un emprendedor durante la fase de financiación es encontrar inversionistas dispuestos a proporcionar el capital necesario. Esto puede ser especialmente difícil para los emprendedores primerizos que no tienen un historial probado de éxito empresarial. Los inversionistas buscan a menudo empresas que ya hayan demostrado cierto grado de éxito y que tengan un plan de negocio sólido y bien articulado.

Como hay diversas formas de obtener capital para una empresa, la opción más adecuada puede variar dependiendo de la etapa en la que se encuentre la empresa, el sector en el que opera, sus objetivos a largo plazo y su capacidad para asumir riesgos. Aquí te dejo una descripción de algunas de las fuentes más comunes de financiación:

1. **Ahorros personales:** a menudo, estos son la primera fuente de financiación para los emprendedores. Este tipo tiene la ventaja de no diluir la propiedad ni requerir reembolso, pero es limitado y puede poner en riesgo los ahorros personales del emprendedor.
2. **Familia y amigos:** los emprendedores a menudo recurren a ellos para obtener financiación. Aunque puede ser una fuente útil de capital, mezclar las relaciones personales con los negocios puede ser arriesgado si las cosas no salen según lo planeado.
3. **Inversores ángeles:** se trata de individuos adinerados que invierten su propio dinero en startups a cambio de acciones de la empresa. Estos inversores

a menudo aportan no solo capital, sino también experiencia y conexiones valiosas.

4. **Venture capital:** los fondos de capital de riesgo son empresas que invierten el dinero de sus socios en startups y empresas en crecimiento. Normalmente buscan empresas con un alto potencial de crecimiento y esperan obtener un retorno significativo de su inversión a través de una salida, como una venta de la empresa o una oferta pública inicial (IPO, por sus siglas en inglés).

5. **Préstamos bancarios:** los bancos y otras instituciones financieras pueden proporcionar préstamos a las empresas. Estos deben devolverse con intereses, lo que puede suponer un desafío para las startups que aún no son rentables. Sin embargo, por otro lado, los préstamos no diluyen la propiedad de la empresa. Su adquisición también puede ser un desafío. Las instituciones financieras suelen ser cautelosas al prestar dinero a nuevas empresas debido al riesgo asociado a ellas. Esto significa que pueden exigir garantías o tasas de interés altas, lo que puede añadir una presión financiera adicional al negocio.

6. **Subvenciones:** algunas organizaciones y agencias gubernamentales ofrecen subvenciones a las empresas, especialmente en sectores como la investigación y el desarrollo, las energías renovables y la tecnología. Es decir, debes tener un proyecto innovador.

Las subvenciones no necesitan ser reembolsadas ni diluyen la propiedad de la empresa, pero a menudo vienen con requisitos específicos sobre cómo se debe utilizar el dinero.

7. **Crowdfunding:** permite a las empresas recaudar dinero de una gran cantidad de personas, normalmente a través de plataformas en línea. Existe en diversas formas, incluyendo el crowdfunding de recompensas, en que los patrocinadores reciben un producto o servicio a cambio de su inversión, y el crowdfunding de acciones, en que los patrocinadores reciben una participación en la empresa.

8. **Programas de financiación gubernamental:** algunos gobiernos tienen programas de este tipo diseñados para apoyar a las startups y empresas en crecimiento. Estos pueden incluir préstamos a bajo interés, garantías de préstamos, subvenciones y créditos fiscales.

9. **Incubadoras y aceleradoras:** ofrecen financiación, así como orientación, recursos y apoyo a las startups. A cambio, a menudo toman una participación en la empresa.

Cuando tomas financiación al principio, es mejor necesitar menos cantidad. ¿Por qué? Porque pedir dinero por ahí, especialmente al principio, puede ser complicado y costoso. La valoración de tu compañía y el porcentaje de participación que debes ceder pueden ser altos. Si tienes una idea loca y complicada que requiere mucho dinero para empezar, las probabilidades de éxito de la financiación son bajas. Así que ten cuidado.

Además, pedir financiación puede afectar la valoración de tu empresa y el porcentaje de participación que tienes en ella. Cuando atraes inversores, normalmente debes ceder una parte de la propiedad de tu empresa a cambio del capital que proporcionan. Esto significa que tu porcentaje de participación en la empresa disminuirá. Si solicitas financiación demasiado pronto o pides más dinero del que de verdad necesitas, puedes encontrarte cediendo una parte importante de tu empresa a los inversores. Esto puede ser especialmente problemático si tu idea es muy ambiciosa y requiere una gran cantidad de capital para empezar.

Segmentación

Lo principal, cuando buscas financiación, es no perder el tiempo ni invertir energía inútilmente en caminos que son infructuosos de partida. Para evitarlo, un enfoque crucial es la segmentación en la búsqueda de inversores, que es un elemento esencial en el proceso de financiación. Dado que no todos los inversores son iguales, comprender a quién te diriges puede marcar la diferencia entre asegurarse o no la financiación.

Encontrar los inversores correctos (aquellos que entienden y apoyan tu visión y que pueden aportar valor a tu empresa) puede ser la clave para obtener la financiación que necesitas para crecer y tener éxito.

Una buena herramienta que te recomiendo para hacer una primera criba es Crunchbase, una plataforma que ofrece información sobre empresas privadas y públicas. Fue fundada originalmente en 2007 como una parte de TechCrunch, una publicación en línea que se centra en la industria de la tecnología, pero se convirtió en una entidad independiente en 2015.

Crunchbase proporciona información variada sobre empresas, incluyendo detalles sobre su financiación, inversionistas, adquisiciones, empleados clave y métricas financieras. Emprendedores, inversores, analistas de mercado y otros profesionales utilizan esta plataforma para obtener información sobre tendencias de la industria, rastrear la actividad de las startups y evaluar oportunidades de inversión. También ofrece una serie de funciones que permiten a los usuarios personalizar su experiencia, incluyendo la capacidad de seguir a compañías específicas, recibir actualizaciones de noticias y crear listas personalizadas de empresas.

La información en Crunchbase proviene de una variedad de fuentes. Algunos datos los suministran las propias empresas, mientras que otros se obtienen de fuentes públicas o se recopilan a través de la contribución de la comunidad. Crunchbase también utiliza algoritmos para analizar y validar la información antes de publicarla.

Aquí te brindo otras herramientas que también proporcionan información detallada sobre empresas, inversionistas y tendencias de la industria:

1. **PitchBook:** es una plataforma de investigación financiera que proporciona información sobre empresas públicas y privadas, incluyendo datos de capital privado, capital de riesgo, fusiones y adquisiciones.

2. **CB Insights:** ofrece información sobre empresas privadas, incluyendo datos sobre inversiones, financiación, patentes, alianzas y noticias. CB Insights utiliza algoritmos para prever las tendencias de la industria.

3. **Mattermark:** proporciona datos e investigación sobre empresas privadas, e incluye funciones como listas de empresas por industria, etapa de crecimiento y región, así como seguimiento de eventos clave en la vida de una empresa.

4. **AngelList:** es un sitio web para startups, inversionistas ángeles y creadores de empleo. Los emprendedores pueden utilizarla para encontrar inversores ángeles y capital de riesgo, y también para descubrir y solicitar trabajos en startups.

5. **PrivCo:** se especializa en información financiera sobre empresas privadas de tamaño mediano y grande, incluyendo datos sobre ventas, empleados, financiación y adquisiciones.

Uses la herramienta que uses, lo que no debes olvidar es que la segmentación implica dividir el mercado de inversores en grupos específicos, generalmente basados en ciertos criterios como el tipo de inversión que están dispuestos a hacer, el tamaño de la inversión que pueden aportar, el sector o la industria en la que prefieren invertir, su nivel de participación en la empresa y su tolerancia al riesgo.

Al comprender y segmentar el mercado de inversores, un emprendedor puede enfocar sus esfuerzos en aquellos que son más propensos a estar interesados en su empresa. Esto puede aumentar la eficiencia del proceso de búsqueda de financiación y mejorar las posibilidades de éxito. Así que ten en cuenta estos criterios a la hora de escoger qué camino tomar:

- **Tipo de inversor:** no todos tienen el mismo enfoque o idénticos objetivos. Algunos, como los inversores ángeles, pueden estar dispuestos a tomar riesgos mayores y a invertir en empresas en las primeras etapas de su desarrollo. Otros, como los fondos de capital de riesgo, pueden preferir empresas que ya han demostrado un cierto nivel de éxito y están buscando expandirse.
- **Tamaño de la inversión:** algunos inversores pueden estar dispuestos a hacer pequeñas inversiones, mientras que otros pueden buscar oportunidades más grandes. Comprender cuánto está dispuesto a invertir una persona puede ayudar a un emprendedor a determinar si es una buena opción para su negocio.

- **Sector o industria:** muchos inversores tienen preferencias específicas en cuanto al destino de su inversión. Pueden tener experiencia en un sector particular o pueden ver un potencial de crecimiento en un campo específico.
- **Nivel de participación:** algunos inversores quieren tener un papel activo en las empresas en las que invierten, mientras que otros prefieren ser pasivos. Saber qué tipo de inversor estás buscando puede ayudarte a encontrar la mejor opción para tu empresa.
- **Tolerancia al riesgo:** algunos inversores están dispuestos a asumir grandes riesgos con la esperanza de obtener grandes rendimientos, mientras que otros son más conservadores. Comprender la tolerancia al riesgo de un inversor puede ayudarte a presentar tu negocio de una manera que le resulte atractiva.

A lo largo de los años, muchos emprendedores han aplicado la segmentación de inversores con gran éxito. Un ejemplo bien conocido es el de la empresa de transporte compartido Uber.

Uber fue fundada en 2009 por Garrett Camp y Travis Kalanick. Al principio tuvieron dificultades para conseguir financiación para su innovadora idea de una plataforma de transporte bajo demanda. Pero, en lugar de dirigirse a cualquier inversor que estuviera dispuesto a escucharlos, decidieron segmentar a los inversores potenciales y buscar aquellos que entendieran y apoyaran su visión de futuro para el transporte.

Así, se centraron en inversores que ya habían mostrado interés en las startups tecnológicas y estaban dispuestos a asumir el riesgo asociado a una industria tan regulada y competitiva como el transporte. Entre sus primeros inversores se encontraban First Round Capital, un fondo de capital de riesgo conocido por su enfoque en las empresas tecnológicas emergentes, y Benchmark, otro fondo de capital de riesgo que había invertido en empresas como Twitter y Dropbox.

Además, Uber buscó activamente inversores estratégicos que pudieran aportar algo más que dinero a la empresa. Por ejemplo, en 2011, Uber recibió inversión de Jeff Bezos, fundador de Amazon, quien no solo aportó financiación, sino también valiosos consejos y orientación a partir de su propia experiencia de construir Amazon desde cero.

Este enfoque segmentado permitió a Uber asegurar la financiación que necesitaba para crecer y expandirse a nivel mundial. La empresa ha vivido controversias y desafíos a lo largo de los años, pero su éxito en la obtención de financiación muestra la importancia de la segmentación de inversores.

En resumen, realizar un trabajo de este tipo en la búsqueda de inversores puede ser muy útil para un emprendedor. No solo puede hacer que el proceso de búsqueda de financiación sea más eficiente, sino que también puede ayudar a asegurar que se establezcan las relaciones co-

rrectas con los inversores que pueden apoyar el crecimiento y el éxito de la empresa a largo plazo.

Una vez que has escogido la puerta a la que quieres lla-
mar, no dudes en investigar a fondo al inversor: estudia la
compañía, lee sobre otros casos de financiación, explora
su LinkedIn.

Cuando lo tengas claro, y solo entonces, desembarca
con tu proyecto. Para ello, lo más eficaz es entregar tu *deck*.

El *deck* de la compañía, también conocido como
«*pitch deck*», es una presentación que los emprendedores
utilizan para proporcionar a los inversores potenciales
una visión general de su empresa. Se trata de un documento
esencial en la fase de financiación, ya que sirve como una
herramienta de venta para convencer a los inversores de
que tu empresa merece su inversión.

Un *deck* de la compañía bien diseñado y articulado
puede responder a las principales preguntas que un inversor
podría tener, como:

1. **¿Qué problema resuelve tu empresa?** Esto debe
   demostrar que entiendes las necesidades del mercado y tienes una solución viable para un problema
   significativo.
2. **¿Cuál es tu solución?** Describe tu producto o servicio, cómo funciona y por qué es mejor que las

alternativas existentes. Esto debería mostrar que tienes una propuesta de valor única.

3. **¿Quién es tu mercado objetivo?** Define quiénes son tus clientes ideales, el tamaño de ese mercado y cómo planeas alcanzarlos.

4. **¿Cómo ganas dinero?** Explica tu modelo de negocio y cómo planeas obtener ingresos y crecer.

5. **¿Quién está en tu equipo?** Presenta a los miembros clave del equipo, su experiencia y por qué están cualificados para hacer crecer el negocio.

6. **¿Cuál es tu plan estratégico?** Esboza tus metas a corto y largo plazo y cómo planeas alcanzarlas.

7. **¿Qué has logrado hasta ahora?** Habla sobre cualquier tracción que hayas obtenido, como ventas, usuarios, acuerdos de asociación, etc.

8. **¿Cuánta inversión estás buscando y cómo la usarás?** Detalla cuánto capital necesitas, el uso que le darás y cómo ayudará a crecer el negocio.

9. **¿Cuál es tu estrategia de salida?** Aunque puede no ser relevante en todas las situaciones, a algunos inversores les gustaría saber cómo planeas darles un retorno a su inversión, ya sea a través de una venta de la empresa, una oferta pública de acciones (IPO), etc.

Recuerda que la presentación debe ser visualmente atractiva, clara y concisa. La idea es captar la atención de los inversores y darles una visión completa de tu empresa, pero sin abrumarlos con demasiados detalles. También es crucial practicar tu presentación para poderla exponer de manera efectiva y segura.

Antes de empezar con este tema, deja que te cuente que, sobre todo al principio, puedes considerar la posibilidad de montar una sociedad patrimonial. Básicamente, esta entidad jurídica, que se utiliza sobre todo para gestionar y proteger los activos personales de una persona o de una familia y de la que eres cien por cien propietario, también es la dueña de tu empresa.

Es algo que, aunque yo no he hecho, sí que es una práctica habitual de mucha gente. Te cuento un caso práctico, el mío: yo tengo cerca del 80 % de mi empresa como persona física. Pero si creo una sociedad patrimonial, esta pasa a tener dicho porcentaje de la empresa. Si te va bien y vendes parte de tus acciones o sales a bolsa, sufrirás una carga fiscal enorme. Pero si lo haces a través de tu sociedad patrimonial, entonces puedes desgravar gastos, realizar adquisiciones o incluso puedes ir transfiriéndote el dinero poco a poco para sufragar los impuestos progresivamente.

Dicho esto, no olvides que el uso de sociedades patrimoniales para este propósito puede estar sujeto a restricciones legales y fiscales, además de tener implicaciones fiscales significativas. Es importante tener en cuenta que las sociedades patrimoniales deben utilizarse de manera legal y ética. La formación de este tipo de entidades puede ser compleja y debe realizarse con la asesoría de un experto en derecho corporativo o fiscal. Las personas que utilizan sociedades patrimoniales para fines ilegales pueden enfrentarse a sanciones legales.

En el contexto de las startups es común hablar de varias rondas de financiación: semilla (*seed*), Serie A, Serie B, etc. Cada una de ellas suele corresponder a una etapa específica en la vida de la startup, y tiene sus propias expectativas en términos de lo que la empresa debe haber logrado y lo que se espera que logre con el nuevo capital.

Vamos a verlas con más detalle:

1. **Fase de presemilla y semilla:** esta es la etapa inicial de financiación, que a menudo viene antes de que la startup tenga un producto o servicio completamente funcional. En ella, la financiación puede venir de los propios ahorros del fundador, de amigos y familiares, o de inversores ángeles. El capital obtenido se utiliza por lo general para realizar estudios de mercado, desarrollar un prototipo del producto y cubrir los gastos operativos iniciales. Por ejemplo, la empresa de tecnología Dropbox recaudó al principio 1,2 millones de dólares en su ronda de financiación semilla en 2007.

2. **Serie A:** en esta etapa, las startups suelen tener un producto o servicio funcional y han demostrado cierto nivel de tracción en el mercado, pero necesi-

tan capital para optimizar su producto y construir su base de usuarios. Los inversores en esta etapa suelen ser fondos de capital de riesgo. Por ejemplo, Twitter recaudó cinco millones de dólares en su ronda de Serie A en 2007.

3. **Serie B:** las startups que entran en la fase de Serie B generalmente ya tienen un producto establecido y una base de usuarios considerable. El capital recaudado en esta ronda a menudo se utiliza para expandir la empresa, ya sea a través del crecimiento del equipo, la introducción en nuevos mercados o la adquisición de otras empresas. En esta etapa, la financiación puede venir de fondos de capital de riesgo, fondos de inversión privada y, a veces, de inversores estratégicos. Un ejemplo es Airbnb, que recaudó 112 millones de dólares en su ronda de Serie B en 2011.

4. **Serie C y posteriores:** estas rondas de financiación suelen ser necesarias para empresas que buscan escalar rápidamente, entrar en nuevos mercados internacionales o adquirir compañías más grandes. Las startups que llegan a esta fase a menudo están bien establecidas y tienen una base de usuarios significativa. Los inversores en estas rondas pueden incluir fondos de capital de riesgo, fondos de inversión privada, bancos e incluso fondos de inversión en bolsa. Un ejemplo notable es Uber, que en su ronda de Serie G en 2015, recaudó alrededor de mil millones de dólares.

Es importante destacar que cada ronda de financiación implica la dilución de la participación de los fundadores en la empresa, ya que se emiten nuevas acciones para los inversores. Por tanto, las startups deben equilibrar cuidadosamente sus necesidades de capital con el objetivo de mantener el control de la empresa.

Este proceso puede parecer descorazonador. Y es cierto. Pero, si bien la fase de financiación puede ser un desafío, también ofrece la oportunidad de crecimiento y expansión. A través de este proceso, los emprendedores pueden obtener los recursos que necesitan para llevar su negocio al siguiente nivel, y aprender valiosas lecciones sobre la gestión financiera y la negociación que serán útiles en su futuro empresarial.

En el emprendimiento, como en muchas cosas, el camino más difícil a menudo conduce a las recompensas más grandes.

7

No pongas todos los huevos en el mismo cesto

La diversificación puede preservar la riqueza, pero la concentración la construye.

Warren Buffett

Jugárselo todo no es inteligente.

Es cinematográficamente sugerente, sí. Todos conocemos ejemplos de películas en las que el protagonista apuesta todo lo que tiene y, contra todo pronóstico, gana. También es común en muchas biografías hacer hincapié en momentos en los que el protagonista, empujado por una inspiración casi divina, sabe que va a ganar y no tiene miedo de dar un salto al vacío.

Pero, en el mundo real, las cosas no funcionan así.

Nadie conoce toda la realidad. Nadie puede pronosticar lo que va a pasar. Por esa razón, apostarlo todo es el equivalente a considerarse un ser omnisciente. Y déjame recordarte algo: no eres omnisciente.

No eres más que un ser humano, así que sé prudente. Sé conservador. Apuesta solo con inteligencia. Arriesga solo si sabes lo que probablemente puedes perder.

Haz caso de Warren Buffett, uno de los inversores más exitosos del mundo. Por ejemplo, el conglomerado Berkshire Hathaway, dirigido por Buffett, posee más de sesenta empresas en una variedad de industrias, incluyendo seguros (GEICO), alimentos (Kraft Heinz), joyería (Borsheims), entre otras. Aunque Buffett es famoso por enfocar sus inversiones en empresas que conoce muy bien, también entiende el valor de la diversificación para proteger su riqueza. Lo importante es el equilibrio que existe entre la concentración (o poner todos los huevos en una cesta que se conoce bien) y la diversificación (o repartirlos en varias cestas para protegerse de lo desconocido).

Eso se traduce en un sencillo consejo, quizá el más importante de este libro: cuida de tu patrimonio. Sé responsable. Porque no solo es finito, sino que se puede agotar más rápidamente que una botella de agua en un día de calor tórrido.

Eso es lo que yo hice cuando fundé Internxt. A pesar de que confiaba en mi sueño, continué trabajando en Hostinger. Tenía un sueldo seguro. Un colchón. Un airbag. Un cinturón de seguridad. (Sí, te estoy poniendo varias metáforas para que esta idea cale en ti de verdad).

La gente que dice que lo deja todo para centrarse en su sueño porque necesita estar al 200 % solo me parece razonable si se ha cuidado de tejer una red de seguridad a su alrededor. Básicamente esto consiste en tener un montón de pasta. Un verdadero montón.

Si careces de esa red y necesitas todo tu tiempo y esfuerzo en tu proyecto, no lo hagas.

Conozco a mucha gente que ha dejado su puesto fijo y bien remunerado para empezar un proyecto y a la que, finalmente, le ha ido tan mal que ahora no tiene nada.

Recuerda: la prudencia en los negocios no consiste en evitar la aventura, sino en estar preparado para enfrentarse a ella.

Otro ejemplo que me parece muy ilustrativo es el de John D. Rockefeller, uno de los empresarios más exitosos de la historia y el fundador de la Standard Oil Company. Rockefeller entró de manera temprana en la industria del petróleo a mediados del siglo XIX, en un momento en que el sector estaba lleno de incertidumbre y muchos inversionistas temían el riesgo, pero él vio una oportunidad y se arriesgó.

Sin embargo, también demostró prudencia al gestionar sus riesgos con gran cuidado. A diferencia de muchos otros empresarios de su época, Rockefeller creía en el control de todo el proceso de fabricación y distribución de su producto. Así, creó un modelo de negocio integrado verticalmente que le permitía controlar todas las etapas de la producción de petróleo, desde la perforación hasta el transporte y la venta al por menor.

Esta combinación de audacia para entrar en una industria nueva y volátil, junto con la prudencia para gestionar los riesgos a través del control de la cadena de suministro, fue clave para su éxito en la construcción de la Standard Oil Trust, que llegó a ser el primer monopolio del mundo, abarcando toda la industria petrolera estadounidense. Una compañía que poseía 20.000 pozos, 6.400 km de oleoductos y 5.000 cisternas para el transporte ferroviario, y para la que trabajaban más de 100.000 empleados.

DIVERSIFICACIÓN PERSONAL Y EMPRESARIAL

La diversificación, en su sentido más básico, es simplemente la práctica de repartir las inversiones entre diferentes áreas para minimizar el riesgo. Pero, invocando de nuevo a Buffet, en contraposición a la diversificación «ciega», en la que se reparte el capital entre una gran cantidad de acciones para mitigar el riesgo, él promueve la diversificación estratégica. Es decir, debe diversificarse en función del conocimiento y la comprensión de los negocios en los que se invierte.

En otras palabras, es mejor tener una cartera de inversiones más concentrada en empresas en las que confías y comprendes en lugar de tener una cartera demasiado diversificada llena de compañías que no comprendes. A pesar de sus propias estrategias de inversión concentrada, Buffett ha aconsejado a los inversores más pequeños y menos experimentados que diversifiquen más ampliamente, ya que es probable que no tengan el mismo nivel de conocimiento y experiencia que él para analizar a fondo las empresas individuales.

En el ámbito de las inversiones, uno de los trabajos más influyentes que respaldan la estrategia de diversificación es la «teoría de la cartera moderna (*Modern Portfolio Theory*, 1952) de Harry Markowitz, quien introdujo el concepto de «frontera eficiente», que representa el conjunto de carteras que maximizan el rendimiento para un nivel dado de riesgo, o minimizan el riesgo para un nivel dado de rendimiento. Según Markowitz, la diversificación puede ayudar a los inversores a moverse hacia la frontera eficiente, hasta obtener el mayor rendimiento posible para su tolerancia al riesgo.

Un ejemplo concreto de la importancia de la diversificación podría ser un inversor que coloca todos sus ahorros en acciones de una sola empresa. Si esta compañía quiebra o sufre una caída significativa en su valor de mercado, el inversor podría perder una gran proporción de sus ahorros, si no todos. En cambio, si el inversor hubiera diversificado sus inversiones en una variedad de acciones de diferentes empresas y sectores, la caída en el valor de una sola compañía tendría un impacto mucho menor en el valor total de su cartera.

En conclusión, la diversificación es una estrategia fundamental para manejar y minimizar el riesgo en una cartera de inversiones. Pero también lo es a la hora de poner en marcha una empresa o incluso a la hora de tomar decisiones personales.

En los negocios y el emprendimiento, la diversificación puede ayudar a minimizar el riesgo y a aprovechar nuevas oportunidades. Por ejemplo, una empresa puede diversificar sus productos o servicios para no depender de un solo flujo de ingresos, lo cual puede ser especialmente útil en tiempos de cambio o incertidumbre en el mercado. Del mismo modo, un emprendedor puede diversificar invirtiendo tiempo y recursos en varios proyectos o empresas a la vez. Si alguno de ellos falla, las otras inversiones pueden ayudar a compensar las pérdidas.

Si piensas como la mayoría, seguramente creerás que los temerarios tienen una clara ventaja. Que solo los valientes triunfan. Pero no es así. En un estudio de 2014 realizado por Joseph Raffiee y Jie Feng, que fue publicado en el *Academy of Management Journal*, se demostró exactamente lo opuesto: los emprendedores que conservaron sus empleos tuvieron un 33 % menos de probabilidad de fracasar que quienes dejaron su trabajo. Si te cuesta tomar riesgos y tienes dudas sobre si tus ideas son viables, es más probable que tu negocio perdure. En el emprendimiento resulta más útil ser precavido, no dejarse llevar por el entusiasmo y, sobre todo, no poner todos los huevos en la misma cesta.

En este sentido resulta interesante ver que los emprendedores detrás de algunas de las compañías que lideran la lista de las compañías más innovadoras de la revista de negocios *Fast Company* optaron por permanecer en sus empleos convencionales incluso después de haber lanzado sus propias empresas. Esta dualidad les permitió seguir sosteniéndose mientras sus nuevas empresas estaban en crecimiento y, al mismo tiempo, les proporcionaba una red de seguridad en caso de que sus startups no despegaran de inmediato.

Un ejemplo emblemático de esta dinámica es Phil Knight, una antigua estrella del atletismo que comenzó a vender zapatillas deportivas desde el maletero de su coche en 1964. A pesar de este emprendimiento, Knight decidió continuar trabajando como contable hasta 1969. Su perseverancia y equilibrio entre empleo y empresa emprendedora finalmente resultaron en lo que hoy conocemos como Nike.

Otro caso notable es el de Steve Wozniak, cofundador de Apple. Después de inventar el Apple I original en 1976 junto con Steve Jobs, Wozniak no dejó su trabajo como ingeniero en Hewlett-Packard hasta un año después. Mantuvo ese equilibrio entre su trabajo estable y su nuevo emprendimiento hasta que Apple comenzó a ganar terreno.

Estos ejemplos demuestran que mantener un empleo mientras se lanza una empresa puede no solo ser viable, sino también beneficioso para el éxito a largo plazo del emprendimiento. O como lo resumió Edwin Land, fundador de Polaroid: «Nadie podría ser original en un campo a menos que tenga la estabilidad emocional y social que proviene de actitudes fijas en todas las demás áreas ajenas a aquellas en la que está siendo original».

También en las decisiones personales, la diversificación puede ser sumamente valiosa. Por ejemplo, en términos de habilidades y educación, no es aconsejable centrarse únicamente en un solo campo. Al diversificar nuestras habilidades, nos volvemos más resilientes a los cambios en el mercado laboral. De la misma manera, diversificar nuestras redes sociales y profesionales puede abrirnos a nuevas oportunidades y perspectivas.

En resumen, la diversificación en todas estas áreas es una estrategia para gestionar el riesgo y aprovechar las oportunidades. De esta manera nos protegemos contra la incertidumbre y nos posicionamos para beneficiarnos de una gama más amplia de posibilidades.

Elige tus batallas y aprovecha las oportunidades

En el mundo de los negocios, como en la vida, debes escoger muy bien tus batallas. Si eres una persona hiperventilada que siempre va a cuestionar de forma radical lo que considera injusto, anómalo, inusual o sencillamente molesto... vas a perder muchas batallas.

Así que, de nuevo, escoge bien tus batallas. Las batallas que sean importantes. Las que marquen la diferencia.

Sin embargo, a la hora de aprovechar las oportunidades, tus filtros, en vez de ser muy estrechos y meticulosos, deben tender a ser justamente al revés: amplios, abiertos, curiosos. Debes dejarte llevar y abrazar cierta incertidumbre.

Algunos han mostrado preocupación por nuestra creciente dependencia de los sistemas de navegación y tecnología GPS, que pueden llevarnos a perder nuestro sentido innato de la orientación y nuestra habilidad para manejar situaciones imprevistas. Hay muchos ejemplos de conductores que, siguiendo a ciegas las indicaciones del GPS, han acabado dirigiéndose a un puente cerrado por obras claramente señalizado porque ni siquiera se fijaban ya en el mundo real. Como si fueran autómatas.

Pero, en un mundo complejo, la espontaneidad y la capacidad de afrontar lo desconocido se valoran como formas de mantenernos alerta y optimizar nuestras habilidades cognitivas. Un ejemplo muy citado es el de los taxistas londinenses, que antes tenían que memorizar las complejas calles y sentidos de circulación de la ciudad y por ello desarrollaron un hipocampo más grande, una área del cerebro relacionada con la memoria y la orientación espacial. Sin embargo, desde que confían en el GPS, esas diferencias neurológicas han desaparecido. Los taxistas, sencillamente, tienen menos memoria. Tienen menos calles y direcciones en la cabeza. Son menos capaces de tomar decisiones si hay algún cambio en la ruta o cualquier otro imponderable.

En conclusión, la autosuficiencia y la capacidad de manejar lo imprevisto no solo nos permite anticiparnos y sortear mejor los desafíos, sino que también optimiza nuestras habilidades mentales y nos vuelve más independientes, en lugar de seguir siempre el mismo camino marcado por la tecnología.

No, esto no es una crítica a la tecnología. Es una crítica a seguir únicamente los caminos ya establecidos y no dejar entrar el azar en tu vida. Debes tirar los dados. Debes invocar la suerte.

Por lo tanto, uno de los mayores consejos vitales radica en interactuar con los demás, incluso cuando al principio esto no nos parezca atractivo, y estar abiertos a vivir nuevas experiencias, aunque no nos resulten interesantes a primera vista. Una persona que se esforzó por implementar esta idea, con todas sus implicaciones, fue el periodista Danny Wallace.

Después de una decepción amorosa, Wallace decidió emprender un experimento para cambiar el rumbo de su vida y superar el dolor del desamor: diría «sí» a todo y aceptaría todas las sugerencias, propuestas e invitaciones que se cruzaran en su camino, ya fueran interesantes o aburridas, positivas o negativas. Su idea era que si experimentaba más eventos, su vida mejoraría, viviría con más intensidad, aprendería más y descubriría aspectos del mundo que de otro modo no hubiera conocido. Durante un año, Wallace aplicó esta filosofía a su vida y, según él mismo relata, compró un coche simplemente porque le preguntaron si estaba interesado en él. Tomó clases de guitarra. Voló a Singapur para pasar un fin de semana.

Recogió toda su experiencia en un libro llamado *Yes Man* (2005), que luego fue adaptado a la gran pantalla en una película protagonizada por Jim Carrey: *Di que sí* (2008).

Este enfoque de la vida, de hecho, está emparentado con otra película de Carrey: *El show de Truman* (1998). Allí, el protagonista intenta abandonar su mundo ficticio para entrar en el mundo real, lo que implica no hacer siempre lo que se supone que debemos hacer, romper las reglas, establecer otras nuevas, adaptarse a los tiempos cambiantes. Y, sobre todo, aceptar lo desconocido.

Pero esto no se limita solo al experimento de un periodista o al argumento de una película. El mundo real funciona así.

En otro capítulo ya te mencioné uno de mis libros de cabecera, *Antifrágil: Las cosas que se benefician del desorden*, del ensayista, académico y exoperador de opciones Nassim Nicholas Taleb, publicado en 2012. En él aparece otro concepto que resulta muy conveniente aquí y que demuestra que el mundo real es tal como te he descrito: la opcionalidad.

La idea de opcionalidad desempeña un papel crucial en el concepto de antifragilidad que Taleb propone en ese libro. Según Taleb, algo es «antifrágil» si mejora con el shock, el desorden, la volatilidad y la incertidumbre, en lugar de simplemente resistirlos (que es lo que define como «resiliencia» o «robustez»). La opcionalidad, en este contexto, se refiere a la capacidad de aprovechar las oportunidades positivas mientras se minimizan los riesgos negativos. Un sistema antifrágil tiene «opciones» en el sentido de que puede elegir lo que le beneficia y descartar lo que no.

Por ejemplo, si dispones de una opción para invertir en un proyecto empresarial, puedes ganar mucho si el proyecto tiene éxito, pero solo perderás lo que invertiste inicialmente si el proyecto fracasa. Esta «asimetría» en la capacidad de ganar mucho mientras se arriesga poco es la esencia de la opcionalidad tal como Taleb la describe.

De manera más general, Taleb argumenta que la capacidad de adaptarse y aprender de los errores es una forma de opcionalidad que nos hace antifrágiles a nivel personal y como sociedad. De hecho, él sugiere que la evolución por selección natural es un proceso antifrágil impulsado por la opcionalidad: las especies tienen la «opción» de adaptarse a los cambios en su entorno y las que no pueden hacerlo se extinguen. O como él mismo escribe:

> Si alguien posee opcionalidad no hace falta que posea mucho de lo que se suele llamar inteligencia, conocimiento, perspicacia, aptitudes y esas cosas complicadas que ocurren en el cerebro. Y es que no es necesario que acierte tantas veces. Lo único que necesita es tener la prudencia de no hacer tonterías que le perjudiquen (algunos actos por omisión) y reconocer los resultados favorables cuando se den (la clave es que esta evaluación no tiene que hacerse de antemano, sino después del resultado).

Si te fijas, en este capítulo te he dado dos consejos principales (diversifica y aprovecha oportunidades) que pueden explicarse con dos conceptos de Taleb (cisnes negros y opcionalidad). Recapitulemos:

Un cisne negro, en términos de eventos, se refiere a un suceso profundamente raro e imprevisto que desencadena efectos de magnitud significativa. A menudo, estos eventos de cisne negro nos desafían y rompen nuestras percepciones habituales de la realidad, ya que perturban la continuidad de lo que consideramos normal.

Este tipo de sucesos tienen tres características esenciales. En primer lugar, son inesperados e impredecibles, y por tanto, son casi imposibles de prever antes de que sucedan. En segundo lugar, su impacto es masivo y puede alterar significativamente el estado de las cosas. Por último, a pesar de ser impredecibles, tendemos a buscar una explicación a posteriori para el suceso, a menudo simplificando y racionalizando lo ocurrido para que encaje en nuestra comprensión del mundo.

Por eso es importante diversificar. Porque no solo ignoras cómo funciona el mundo, sino que, incluso, pueden tener lugar eventos del todo imprevisibles. Incluso para los expertos más reputados.

En lo que respecta a la estrategia, la antifragilidad se puede descomponer en dos componentes fundamentales: en primer lugar, la supervivencia, y a continuación, la opcionalidad.

La premisa de la antifragilidad radica en sobrevivir inicialmente a cualquier adversidad o cambio, garantizando así la capacidad de resistir a los golpes y eventualidades de la vida o del mundo de los negocios. Este es el primer paso: establecer una base sólida que pueda soportar los vaivenes del entorno.

Posteriormente se introduce la idea de la opcionalidad, que consiste en mantener una diversidad de opciones abiertas para adaptarse y sacar partido de cualquier circunstancia que pueda surgir. Esta estrategia no solo nos protege, sino que nos permite prosperar en medio de la incertidumbre y el cambio.

La belleza de esta estrategia radica en su objetivo: permitirte beneficiarte del futuro sin la necesidad de anticipar exactamente qué va a suceder. Esto significa que incluso si no eres demasiado perspicaz en la predicción de los acontecimientos futuros, o incluso si cometes errores, la antifragilidad puede ayudarte a salir adelante y aprovechar las oportunidades que la incertidumbre y el cambio traen de forma inevitable consigo.

En resumen:

1. Asegurar la supervivencia:
- Protegerse de los cisnes negros negativos, que pueden tener consecuencias catastróficas.
- Evitar riesgos innecesarios, como jugar a la ruleta rusa, incluso si las probabilidades parecen favorables.

- Priorizar la eliminación de cualquier amenaza que pueda resultar en un desenlace fatal.

2. **Exponerse a oportunidades una vez asegurada la supervivencia:**
   - Tomar medidas para construir opcionalidad, es decir, mantener abiertas diferentes posibilidades.
   - Buscar activamente la exposición a cisnes negros positivos, eventos inesperados que puedan tener un impacto beneficioso.
   - Entender la opcionalidad, tal como la define Taleb, como «la habilidad excepcional de tomar acciones basadas en una forma racional de ensayo y error».

EL INCIERTO Y APASIONANTE FUTURO QUE NOS ESPERA

El futuro es incierto, en efecto. Pero eso no significa que no tengamos algunas pistas.

En este apartado quiero hablarte de la próxima era, de las áreas de oportunidad empresarial más tecnológicamente interesantes y, también, de tener grandes sueños.

Todo eso está resumido en una empresa que admiro muchísimo y de la que tengo la suerte de ser socio, PLD Space.

PLD Space es una empresa española privada de lanzamiento de cohetes, fundada en 2011 por Raúl Torres y Raúl Verdú. La compañía tiene como objetivo proporcionar servicios de lanzamiento dedicados y asequibles a la creciente industria de los microsatélites. En particular,

PLD Space se centra en el desarrollo de cohetes reutilizables para ayudar a reducir los costos de los lanzamientos espaciales. Ya ha realizado varios lanzamientos de prueba con éxito, y se ha asegurado contratos y financiamiento de diversas organizaciones. La empresa tiene su sede en Elche, España, y las instalaciones de prueba se ubican en el aeropuerto de Teruel.

PLD Space es un ejemplo del futuro que viene, o que ya está aquí, y de tener grandes sueños.

En la próxima era de los negocios, las empresas necesitarán algo más que un modelo comercial sólido y una estrategia de marketing eficaz. Necesitarán una pasión que los impulse. Esta es una transformación de la mentalidad empresarial tradicional que conceptúa a las empresas simplemente como vehículos para la maximización de beneficios. En cambio, las compañías modernas de la próxima era están imbuidas de una visión y un propósito que va más allá de la mera rentabilidad.

Muchas de ellas piensan en cambiar el mundo. Y ahora esto es más fácil que nunca gracias al crecimiento exponencial de la tecnología.

Lo que a su vez puede revertir de forma exponencial en la humanidad. Solo un dato: el 90 % de todos los científicos que han existido a lo largo de la historia están vivos ahora mismo. Esto es una pista del entorno científico y tecnológico en el que vivimos.

En el año 1961, el reputado Derek de Solla Price, considerado el precursor de la cienciometría (una disciplina dedicada al estudio empírico de la ciencia misma) estableció la premisa de que el número de científicos en el mundo se duplica aproximadamente cada quince años. Esta observación fue una constatación de la creciente dedicación de la humanidad al avance del conocimiento científico.

No obstante, los datos recientes apuntan a una ligera desaceleración en este ritmo de crecimiento. Desde 1961, el ritmo se ha ralentizado y la duplicación del número de científicos parece ocurrir cada dieciocho años. Aun así, el crecimiento sigue siendo notable y constante.

Es evidente que estamos en la cúspide de una aceleración sin precedentes en el desarrollo tecnológico, una hiperaceleración, si se quiere. La singularidad tecnológica, un punto en el tiempo donde el progreso tecnológico se vuelve tan rápido que cambia la vida humana de formas inimaginables, parece estar cada vez más cerca. Este acercamiento es en gran parte gracias a la evolución exponencial de la tecnología en diversos campos, un fenómeno ejemplificado por la ley de Moore en el ámbito de la informática (la cual postula que el número de transistores en un circuito integrado denso se duplicará aproximadamente cada dos años, lo que se ha interpretado como un crecimiento exponencial en la capacidad de procesamiento de las computadoras).

Un elemento clave para entender la evolución exponencial es que sus primeras etapas pueden parecer lentas, con incrementos de 2 a 4, luego a 8, a 16, a 32 y así de forma sucesiva. Pero una vez que esta progresión alcanza ciertos umbrales, los cambios son espectacularmente grandes, pasando de millones a billones en un abrir y cerrar de ojos.

El ejemplo más sorprendente que conozco para entender un poco mejor cómo funciona el crecimiento exponencial es este: la posibilidad de llegar a la Luna doblando una hoja de papel. Una hoja de papel, con su delgadez de tan solo 0,1 milímetros, puede parecer insignificante. Sin embargo, al doblarla una vez, su espesor se duplica a 0,2 milímetros. Pliégala una vez más y se incrementa a 0,4 milímetros. Después de siete dobleces, puede volverse prácticamente imposible plegarla aún más, aunque el récord mundial es de trece dobleces, logrado en los pasillos del Instituto de Tecnología de Massachusetts (MIT) usando un rollo de papel higiénico de casi dieciséis kilómetros de largo.

Pero ¿cómo podríamos llegar a la Luna con solo papel y dobleces? La respuesta reside en la mágica inflexión de la curva exponencial. Al doblar el papel veintiséis veces, nos encontramos con un espesor de casi siete kilómetros. Con treinta dobleces, el papel llegaría al espacio exterior. Y, sorprendentemente, con cuarenta y dos dobleces, el espesor del papel sobrepasaría la distancia a la Luna, que se encuentra a unos 439.805 kilómetros de nosotros. Pero aquí viene lo más increíble: si lográramos doblar el papel ciento dos veces, solo un poco más del doble de los cuarenta y dos dobleces, el espesor resultante sería mayor que el del universo observable entero.

Ahora extrapola todo esto a la tecnología. No solo tenemos el potencial de ir a la Luna, sino a otros planetas. A otros sistemas solares.

Este rápido cambio tecnológico lo está impulsando no solo un creciente número de personas dedicadas a la ciencia y la tecnología, sino también el auge de la conectividad global. Cada vez más personas tienen acceso a internet, lo que a su vez permite una mayor colaboración, y un acceso más amplio a la información y a la educación.

Esta tendencia es una señal de que los impresionantes avances de los que hemos sido testigos en los últimos doscientos años son apenas la punta del iceberg. Lo que estamos a punto de presenciar en las próximas décadas probablemente eclipsará todo lo que hemos logrado hasta ahora, y llevará la tecnología y nuestra comprensión del mundo a nuevas alturas. Peter H. Diamandis, en su libro *Abundancia*, pone el siguiente ejemplo:

Para ver cómo esta misma pauta se comprueba en la evolución de la tecnología, examinemos el portátil Osborne Executive, un ordenador vanguardista lanzado en 1982. Este impresionante aparato pesaba alrededor de trece kilos y costaba algo más de 2.500 dólares. Ahora compáralo con el primer iPhone, lanzado en 2007, que pesaba una centésima parte con un décimo de su coste, mientras que tenía 150 veces la velocidad de procesamiento y más de 100.000 veces la memoria del anterior. Dejando de lado el universo de aplicaciones de software y la conectividad inalámbrica que sitúa al iPhone a años luz por delante de los PC, si solo tuvieras que medir la diferencia en términos de «dólares por gramo y por capacidad de cálculo», el iPhone tiene un rendimiento en función del precio 150.000 veces superior al Osborne Executive.

El escritor de ciencia ficción Arthur C. Clarke decía: «Toda tecnología lo suficientemente avanzada es indistinguible de la magia». Y tenía razón.

ÁREAS DE OPORTUNIDAD

La próxima era de los negocios también estará marcada por una serie de áreas de oportunidad emergentes.

En primer lugar, la inteligencia artificial (IA) está transformando radicalmente la forma en que operan las empresas y las sociedades. Con su creciente sofisticación y accesibilidad, la IA ofrece una gran cantidad de oportunidades para automatizar procesos, mejorar la toma de decisiones y personalizar la experiencia del cliente.

La automatización es una de las áreas más prometedoras en las que la IA está teniendo un impacto significativo. Los algoritmos de IA pueden realizar una variedad de tareas, desde las más simples hasta las más complejas, de manera más rápida y precisa que los humanos. Esto abarca desde tareas de *back-office*, como la entrada de datos y la programación, hasta procesos de producción en la industria manufacturera.

En el campo de la toma de decisiones, la IA puede analizar grandes cantidades de datos, detectar patrones y proporcionar información valiosa que puede ayudar a las empresas a tomar decisiones más informadas. Por ejemplo, en el sector financiero, los algoritmos de IA pueden predecir tendencias del mercado y ayudar a optimizar las estrategias de inversión.

En cuanto al servicio al cliente, los chatbots de IA pueden interactuar con los clientes las 24 horas del día, los 7 días de la semana, proporcionando respuestas instantáneas a sus preguntas y solucionando problemas de manera eficiente. Esto no solo mejora la experiencia del cliente, sino que también libera tiempo para que los empleados humanos se concentren en tareas más complejas.

Un ejemplo notable de una organización que está a la vanguardia de la IA es OpenAI. Su misión es garantizar que todo el mundo pueda utilizar la IA y que beneficie a toda la humanidad. Han desarrollado una serie de tecnologías de IA innovadoras, incluyendo GPT-4, un modelo de lenguaje que puede generar texto humanoide de manera autónoma. Al hacer que tales tecnologías estén disponibles para el público, OpenAI está democratizando el acceso a la IA y ayudando a impulsar su adopción en una amplia gama de sectores.

La realidad virtual (RV) y la realidad aumentada (RA) son tecnologías emergentes que están transformando una variedad de industrias y creando nuevas formas de interactuar con el mundo digital.

La RV, que sumerge a los usuarios en un entorno completamente digital, está revolucionando el entrenamiento y la educación. Por ejemplo, en el campo de la medicina, los estudiantes pueden practicar procedimientos quirúrgicos complejos en un entorno virtual seguro antes de aplicarlos en pacientes reales. En la industria, los empleados pueden recibir la capacitación en la operación de maquinaria peligrosa en un entorno virtual antes de manejarla en el mundo real, reduciendo así los riesgos.

La RA, que superpone información digital en el mundo real, está cambiando la forma en que compramos y nos entretenemos. En el comercio minorista, los clientes pueden usar aplicaciones de RA para visualizar cómo se vería un mueble en su hogar antes de comprarlo. En el entretenimiento, juegos como *Pokémon Go* han demostrado cómo la RA puede crear experiencias de juego inmersivas y atractivas en el mundo real.

Un ejemplo de una empresa que está a la vanguardia de estas tecnologías es Magic Leap, que está desarrollando tecnología de realidad mixta, que combina elementos de la RV y la RA, para cambiar la forma en que interactuamos con el mundo digital. Su dispositivo, el Magic Leap 1, permite a los usuarios ver e interactuar con hologramas digitales en su entorno real. Por ejemplo, los usuarios pueden ver programas de televisión en una pantalla virtual, trabajar en múltiples pantallas holográficas de computadora o jugar a juegos inmersivos en que los personajes digitales interactúan con el mundo real. Estas experiencias prometen transformar la forma en que trabajamos, jugamos y nos comunicamos.

El ámbito de la biomedicina está experimentando un cambio radical gracias a los avances en genómica, terapias genéticas y medicina personalizada. Estas innovaciones están redefiniendo cómo prevenimos, diagnosticamos y tratamos enfermedades, lo que promete mejorar significativamente la salud y el bienestar humanos.

La genómica, el estudio de los genomas completos de los organismos, está proporcionando una comprensión más profunda de cómo funcionan las enfermedades a nivel genético. Esto está permitiendo el desarrollo de tratamientos más precisos y personalizados, adaptados al perfil genético de cada individuo.

Las terapias genéticas, que implican la modificación de los genes dentro de las células del cuerpo para tratar o prevenir enfermedades, están emergiendo como una poderosa herramienta en la lucha contra enfermedades genéticas, ciertos tipos de cáncer y algunos trastornos virales.

La medicina personalizada, que utiliza la información genética de un individuo para guiar la prevención, el diagnóstico y el tratamiento de enfermedades, promete mejorar la eficacia de los tratamientos y minimizar los efectos secundarios.

Un ejemplo destacado de una empresa que está liderando estas transformaciones es CRISPR Therapeutics. Están utilizando la tecnología CRISPR-Cas9, una herramienta revolucionaria de edición de genes, para desarrollar terapias genéticas para una variedad de enfermedades. Por ejemplo, están trabajando en una terapia para la beta talasemia, una enfermedad de la sangre genéticamente heredada que reduce la producción de hemoglobina. La terapia, conocida como CTX001, implica extraer células madre de la sangre del paciente, editar un gen específico en esas células utilizando CRISPR-Cas9 para aumentar la producción de hemoglobina y luego reintroducir las células editadas en el paciente. Los primeros resultados de los ensayos clínicos han sido prometedores, lo que demuestra el enorme potencial de estas tecnologías para transformar la medicina.

Por último, las oportunidades en el espacio y la energía renovable representan tanto una respuesta a los desafíos globales como un nuevo terreno para la innovación y la inversión. SpaceX está abriendo nuevos caminos en la exploración espacial y la energía solar y eólica están proporcionando soluciones sostenibles y rentables a la crisis energética mundial.

El espacio guarda grandes sorpresas. En serio. No hace falta imaginar situaciones como las de *Star Trek*. Hablo de cosas como los nanosatélites o la minería espacial.

Te voy a poner de nuevo como ejemplo a Peter H. Diamandis: es un visionario y emprendedor cuyo trabajo ha sido fundamental en la exploración del espacio y la innovación tecnológica. Como uno de los cofundadores de la Singularity University, una institución educativa patrocinada por Google y la NASA, ha desempeñado un papel crucial en la formación de las brillantes mentes que buscan llevar a la humanidad al próximo nivel de desarrollo tecnológico.

Además, Diamandis es el cerebro detrás del XPrize, un concurso global diseñado para incentivar la innovación y encontrar soluciones a los desafíos más grandes de la humanidad. Esta competencia ha impulsado avances significativos en diversas áreas, desde la tecnología espacial hasta la inteligencia artificial.

Diamandis también ha fundado Zero G, una empresa que ofrece una experiencia única: la oportunidad de sentir la gravedad cero. Hasta la fecha, ha permitido que más de diez mil personas, incluyendo al renombrado físico Stephen Hawking, vivan esta experiencia surrealista a través de vuelos parabólicos que simulan el ambiente de gravedad cero.

Según la visión de Diamandis, la exploración de recursos y el turismo son las dos grandes fuerzas que han llevado a la humanidad a superar fronteras. Cree firmemente que estas mismas fuerzas también abrirán la última frontera: el espacio. Esta visión se ve reforzada por los enfoques innovadores de figuras como Burt Rutan, un pionero en la aviación y la exploración espacial, cuyos diseños y tecnologías están cambiando la forma en que vemos y accedemos al espacio. En resumen, para figuras como Diamandis, el espacio no es solo la última frontera, sino también la próxima.

Pero, para aprovechar estas oportunidades emergentes, los emprendedores necesitarán tres cosas: conocimiento, dinero y grandes sueños. El conocimiento es esencial para entender estos nuevos mercados y tecnologías, y para aplicarlas de manera efectiva. La educación y el aprendizaje continuo serán más importantes que nunca.

El dinero, por supuesto, es necesario para financiar la investigación y el desarrollo, la contratación de personal y la expansión del mercado. Pero más que simplemente recaudar capital, los emprendedores de la próxima era necesitarán ser inteligentes acerca de cómo y dónde lo invierten.

Por último, y tal vez lo más importante, los emprendedores necesitarán grandes sueños. En la próxima era de los negocios, las empresas que tengan un impacto serán aquellas que se atrevan a soñar en grande, a atisbar posibilidades donde otros ven obstáculos y a perseguir esas visiones con determinación y pasión.

El camino hacia el éxito en la próxima era de los negocios será sin duda desafiante. Pero para aquellos con el conocimiento, el dinero y grandes sueños, también será una era de oportunidades sin precedentes. En la confluencia de la tecnología, la ciencia y el espíritu empresarial, existe un potencial enorme para aquellos dispuestos a abrazar el cambio y a ser agentes de él. En este nuevo mundo de posibilidades, las empresas y los emprendedores que tengan una causa y una pasión, que se adentren en

nuevas áreas de oportunidad y que posean el conocimiento, el dinero y los grandes sueños necesarios para llevar
sus visiones a la realidad serán los líderes de la próxima
era.

8

FRACASA, APRENDE Y CRECE

> Los tiempos difíciles forjan hombres
> fuertes, los hombres fuertes crean buenos
> tiempos, los buenos tiempos crean hom-
> bres débiles, los hombres débiles crean
> tiempos difíciles.
>
> G. MICHAEL HOPF

Hacia el año 1576 podía verse por las calles empedradas
de Roma a un anciano peculiarmente ataviado, caminando con un paso inusual y que lanzaba exclamaciones en
voz alta. Nadie le hacía mucho caso.

Este hombre, en cierto tiempo reconocido en toda
Europa, era Gerolamo Cardano, un renombrado astró-
logo, médico personal de la nobleza e influyente profesor

de Medicina en la Universidad de Pavía. Su legado incluía inventos notables, como un antecesor de la cerradura de combinación y una junta universal que todavía se utiliza hoy en día en la industria automotriz. Autor de 131 libros sobre una variedad de temas que iban desde la filosofía y la medicina hasta las matemáticas y la ciencia, su brillantez estaba fuera de toda duda.

Sin embargo, hacia 1576, Cardano era un hombre cuya gloria había quedado atrás y que vivía sumido en una pobreza extrema. En los últimos días del verano de ese año escribió las que serían sus últimas palabras: una emotiva oda a su primogénito, su preferido, quien había sido ejecutado dieciséis años antes, a los veintiséis. El 20 de septiembre, a pocos días de cumplir los setenta y cinco años, el viejo Cardano falleció. Irónicamente, después de su muerte, el hijo que lo sobrevivió fue contratado por la Inquisición como torturador profesional, un «premio» por haber aportado pruebas contra su propio padre.

Justo antes de su muerte, Cardano decidió quemar ciento setenta manuscritos inéditos. A pesar de ello, de entre sus posesiones se rescataron ciento once trabajos que habían sobrevivido. Uno de ellos, aparentemente escrito décadas atrás pero con evidentes signos de constantes revisiones, era un tratado de treinta y dos capítulos cortos titulado *El libro sobre los juegos de azar* (*Liber de Ludo Aleae*).

Este fue el primer libro jamás escrito sobre la teoría de la probabilidad.

Las personas han estado jugando y lidiando con la incertidumbre desde tiempos inmemoriales, planteándose preguntas como «¿Podré cruzar el desierto antes de morir de sed?» o «¿me haré rico si lo apuesto todo en la ruleta?». Sin embargo, no fue hasta Cardano que se logró un análisis lógico y razonado de la incertidumbre inherente a los juegos y otros procesos inciertos.

Hasta entonces, muy pocos habían pensado en la probabilidad de forma racional. Después de Cardano, afortunadamente, vinieron más autores que sofisticaron estos planteamientos.

Por ejemplo, Jacob Bernoulli, matemático suizo que vivió entre 1654 y 1705, es reconocido por su trabajo en la teoría de la probabilidad y por su formulación del principio conocido como la «ley de los grandes números». Este principio establece que si un experimento se repite un gran número de veces, el promedio de los resultados tiende a acercarse al valor esperado.

Abraham de Moivre, matemático francés que vivió entre 1667 y 1754, contribuyó al desarrollo de la distribución normal en probabilidad, fundamental en estadística.

El reverendo Thomas Bayes, que vivió entre 1702 y 1761, hizo contribuciones significativas al cálculo de la probabilidad condicional, dando origen al llamado «teorema de Bayes». Este proporciona una forma de actualizar las probabilidades a la luz de nuevos datos y ha tenido un impacto profundo en una variedad de disciplinas, como la inteligencia artificial.

En el siglo XIX, Pierre Simon, marqués de Laplace (1749-1827), unificó estas ideas tempranas y compiló la primera teoría general de la probabilidad. Laplace es recordado principalmente por su obra *Théorie analytique des probabilités*, en la que recopiló todo el conocimiento existente sobre probabilidad y lo presentó como una disciplina unificada y coherente. Su trabajo incluye la regla de sucesión de Laplace, una fórmula para calcular la probabilidad de un evento dado a partir de su frecuencia observada en una serie de experimentos independientes.

Como ves, la probabilidad no es un asunto fácil. Resulta profundamente contraintuitiva y nuestro cerebro no es muy hábil a la hora de calcularla. Por eso tardó tanto tiempo en formalizarse de manera científica.

EL ÉXITO ES MENTIRA (EN PARTE): EL PODER DEL ESFUERZO Y LA CONSTANCIA

En el primer capítulo te dije, sin matices, que el éxito es mentira.

Ahora voy a desarrollar los matices.

Porque los matices son lo más importante.

En el mundo real, los eventos suelen estar influenciados por una combinación de habilidad y suerte. Esto se refleja en las teorías de la probabilidad, que se ocupan de la incertidumbre y el azar. En el camino hacia el éxito, siempre habrá factores que escapan a nuestro control y, por tanto, son de alguna manera aleatorios. Por otro lado, el éxito no se debe simplemente a la suerte o al azar, sino que es en parte el resultado del esfuerzo y la constancia. Cuál es el peso específico de cada una de estas variables es todavía objeto de debate. Pero, precisamente, si no conoces el peso de cada factor, debes enfocarte en los factores que controlas, estimularlos al máximo y esperar llegar a donde quieres. Quizá no lo logres. Quizá esa variable apenas tenga peso en tu contexto. Pero eso no lo sabes. Así que simplemente debes intentarlo.

Y si no lo pruebas, no dudes de que triunfar será más improbable. No sé si mucho o poco, pero lo será.

De este modo, aunque filosóficamente podamos criticar la idea de meritocracia, siempre hay un poco de ella en todo lo que hacemos (no creer eso equivale a asumir que no existe el libre albedrío y que toda nuestra vida es solo una ilusión).

A pesar de la aleatoriedad y la incertidumbre en la vida, es posible influir en los resultados a través del esfuerzo y la constancia. En términos de probabilidad, esto podría entenderse como la idea de que si realizas una acción suficientes veces, o si trabajas lo bastante duro y eres constante, aumentas las posibilidades de conseguir el resultado deseado. Aunque no puedes controlar todos los factores, puedes maximizar tus oportunidades de éxito, como ya te he dicho en capítulos anteriores.

Tanto la probabilidad como el esfuerzo y la constancia se relacionan con el factor tiempo. Cuanto más tiempo y esfuerzo inviertas, más probable será que alcances tus objetivos. Del mismo modo, el tiempo es un componente clave en la teoría de la probabilidad, ya que los eventos se distribuyen a lo largo de él.

El camino hacia el éxito en cualquier ámbito, y en particular en el empresarial, se pavimenta con una serie de elementos tanto tangibles como intangibles. En la confluencia de la motivación interna, las recompensas y reconocimientos, las oportunidades de crecimiento y desarrollo y un entorno laboral saludable se encuentran los verdaderos incentivos para el progreso y la prosperidad.

Sin embargo, su efectividad y relevancia no pueden ser apreciadas del todo sin considerar el entorno en el que se aplican: un contexto político favorable y un estado psicológico propicio son igualmente cruciales para el éxito.

La motivación interna desempeña un papel fundamental, actuando como la chispa que enciende el motor de nuestra dedicación y empeño. La pasión y la inversión personal en nuestro trabajo nos impulsa a superar obstáculos y a esforzarnos por lograr nuestras metas. La sensación de que nuestro trabajo tiene un propósito y un significado concretos puede ser la fuente de una energía inagotable. Como si fueras una máquina de movimiento perpetuo.

Por otro lado, las recompensas y reconocimientos proporcionan un estímulo externo que, cuando se administra de manera efectiva y justa, puede mejorar la satisfacción y la productividad en el trabajo. No se trata solo de remuneración económica, sino también de reconocimiento social y profesional, que puede fortalecer el sentido de pertenencia y de valor propio.

En este marco, el contexto político es un facilitador o un obstáculo para estos incentivos. Un clima de estabilidad económica proporciona el terreno fértil en el que las empresas pueden sembrar y cultivar sus objetivos. Asimismo, las políticas que fomentan el espíritu emprendedor y protegen los derechos de los trabajadores sirven para alimentar el crecimiento y el compromiso en el lugar de trabajo.

Es decir, que ya te puedes imaginar lo que pienso de los altos impuestos y otras trabas para los empresarios. Como también del hecho de regalar dinero a jóvenes para que puedan emprender sin ninguna contraprestación. Si, en un país, la gente más cualificada se marcha (lo que se conoce coloquialmente como «fuga de cerebros») y las empresas cambian su sede a otros países, entonces ese lugar está condenado a la ruina. O, al menos, a una falta de crecimiento endémico.

En resumen, aunque los incentivos para el éxito son multifacéticos y varían entre los individuos y las organizaciones, existen ciertos elementos universales. El entendimiento y la incorporación de estos factores en la cultura de una empresa pueden proporcionar un marco sólido para fomentar el crecimiento y la prosperidad en el entorno empresarial. Sin embargo, es fundamental tener en cuenta el contexto en el que estos incentivos se aplican, ya que el entorno político y psicológico puede potenciar o limitar su efectividad.

Desde la cuna de la civilización, el ser humano se ha preguntado por los resortes que impulsan la rueda del éxito. ¿Por qué algunos individuos parecen alcanzar el pináculo del logro mientras que otros, a pesar de titánicos esfuerzos, permanecen en la oscuridad? ¿Existe de verdad algo como la meritocracia o todo es simplemente el fruto del azar, el resultado de una lotería genética y social que nos elige al nacer?

Para abordar estas cuestiones, primero debemos entender la esencia misma del mérito. ¿Qué es el mérito? ¿Qué atributos o características son responsabilidad de uno mismo y cuáles vienen determinados por el destino? Es fácil caer en la tentación de separar nuestras vidas en dos categorías: lo que procede de nuestro esfuerzo y lo que no lo es. Pero la realidad es, por supuesto, más matizada, más mezclada y más confusa.

Las fronteras entre el esfuerzo y el destino son arbitrarias y, a menudo, intrincadas hasta el punto de crear bucles de retroalimentación. Ambos elementos se entrelazan y se retroalimentan en un ciclo perpetuo, imposible de desentrañar. Es como intentar separar los ingredientes de una sopa después de haberse mezclado y cocido juntos. Los componentes individuales ya no son discernibles, pero en su fusión han creado algo nuevo, algo más sustancioso.

Pero ¿qué pasaría si aceptáramos, por un momento, la existencia de una división clara entre mérito y demérito? Imaginemos un experimento en el que dos personas, clones perfectos, se encerraran en habitaciones idénticas con las mismas condiciones de humedad, presión, temperatura, etc. En este escenario, si ambos sujetos, partiendo de la misma naturaleza y el mismo ambiente, alcanzaran metas diferentes, podríamos afirmar la existencia de una meritocracia (un elemento que ha provocado que los objetivos acaben siendo distintos).

Pero este experimento, por supuesto, está destinado a fallar.

El mundo real es infinitamente más complejo. Cada individuo interactúa con un ambiente dinámico, lleno de variables inesperadas que afectan y moldean el camino hacia el éxito. Un libro leído en el momento preciso, una conversación fortuita con un desconocido, incluso algo tan insignificante como ser testigo de una trifulca callejera, pueden alterar nuestra percepción de nosotros mismos y del mundo, dando lugar a decisiones y acciones que nos conducen a destinos desconocidos.

Incluso los rasgos que parecen predestinados, como la belleza o la salud física, pueden cultivarse y mejorarse a través del esfuerzo personal. Estos son, sin duda, el resultado de una combinación genética particular, pero también pueden ser una actitud, una forma de moverse, de vestirse, de cuidarse, de acudir al gimnasio, de alimentarse de manera correcta. Un simple cambio de actitud puede transformar a una persona, empujarla a cuidar su salud y cambiar su apariencia. Entonces, ¿es esto mérito o simplemente un resultado predestinado?

Consideremos otro ejemplo: la asertividad. ¿Nace uno con ella o es un rasgo adquirido? Algunas personas parecen nacer con una confianza innata, pero esta también puede surgir de las experiencias de la vida, forjada en el fuego de la adversidad. Entonces, ¿quién tiene el verdadero mérito de tal asertividad? ¿El individuo? ¿O es simplemente el producto de circunstancias aleatorias?

Aún más: la influencia de libros, películas o experiencias puede cambiar nuestra perspectiva y nuestras decisiones. ¿Son entonces los anteriores elementos los que resuelven nuestros problemas o somos nosotros quienes, tras leerlos, cambiamos nuestro enfoque y resolvemos nuestros problemas?

Si seguimos estos hilos de pensamiento hasta su conclusión lógica, llegamos a un dilema. Si nada es mérito nuestro, si todo lo que hacemos es fruto de una serie de interacciones aleatorias, ¿entonces no merecemos nada? En un mundo así, ¿qué sentido tiene hacer cualquier cosa? ¿Por qué elegir el camino correcto en vez del incorrecto si en realidad no podemos escoger? En este escenario, como ya hemos esbozado anteriormente, la libertad parece una ilusión, y la autonomía, un mito.

Pero el hecho es que creemos en la meritocracia. Creemos que nuestras acciones tienen significado, que nuestros esfuerzos darán frutos. Esta creencia, aunque pueda parecer parcialmente ilusoria, es fundamental para nuestra existencia. Nos permite encontrar un sentido en nuestras vidas, tener metas y luchar por ellas.

Esto nos lleva a la idea de «hiperstición», la capacidad de las ideas y narrativas ficticias para influir y cambiar la realidad cuando las adopta y cree un número suficiente de personas. Una sociedad que cree en la meritocracia lucha por la justicia, por la equidad, por el progreso. En otras palabras, nuestra creencia en la meritocracia, ya sea ilusoria o no, tiene un efecto real en nuestra realidad compartida.

En la vida y en el emprendimiento, la meritocracia puede parecer una entelequia. Pero en última instancia, es una creencia necesaria. Es el combustible que alimenta nuestra determinación y nuestra resiliencia. Es lo que nos empuja a levantarnos cada vez que nos caemos, a seguir adelante en medio de la adversidad. Y, aunque las reglas del juego puedan ser impredecibles y confusas, la creencia en nuestro propio mérito es lo que hace posible el juego del emprendimiento. Es lo que hace posible la magia de crear algo de la nada, de transformar una idea en una realidad tangible. Y esa, en última instancia, es la verdadera belleza de la meritocracia.

ÉXITO VS. FRACASO: MIS EXPERIENCIAS

Como ya te he contado, el éxito es una mentira a medias, una falacia en la que la sociedad nos ha enseñado a creer. Nos han contado historias de triunfadores que, aparentemente, lo logran todo con facilidad, mientras que la verdad detrás de cada éxito es mucho más complicada y matizada.

Este apartado pretende desentrañar las complejidades que envuelven el concepto de éxito y, a través de mis propias experiencias y reflexiones, desvelar las verdades escondidas tras la manta de la fama y la notoriedad.

Empezaré por afirmar que, si bien la progresión en la vida a veces sube y otras baja, con esfuerzo y perseverancia tendemos a avanzar. Sin embargo, esta afirmación encierra una premisa delicada. En primer lugar, no todo en la vida se puede conseguir simplemente con esfuerzo. Hay factores externos, circunstancias imprevistas y variables fuera de nuestro control que pueden obstaculizar o incluso impedir que alcancemos ciertos objetivos, sin importar cuánto esfuerzo pongamos en ello. Sin embargo, esto no debe desanimarnos para esforzarnos y trabajar duro.

Lo que quiero destacar aquí es que es crucial el conocimiento sobre lo que estás haciendo. Este, adquirido a través de la educación formal o del aprendizaje autodidacta, es esencial. No solo nos prepara para el campo en el que deseamos tener éxito, sino que también nos proporciona una base sólida sobre la que apoyarnos en tiempos difíciles. En mi caso, fue el conocimiento adquirido a través de años de estudio y la voluntad de aprender lo que finalmente me permitió avanzar.

Ahora, es importante recordar que, detrás de cada historia de éxito, hay muchos fracasos. Por cada premio que he ganado, hay mil que no he recibido. Por cada meta que he alcanzado, hay muchas otras que se quedaron en el camino. El fracaso es una parte integral del camino hacia el éxito. Pero es importante entender que no es el final del camino. Es una oportunidad para aprender, para crecer, para fortalecerse.

La constancia es clave en este proceso. Tener la capacidad de seguir adelante, a pesar de las dificultades y los fracasos, es fundamental. A lo largo de mi vida he encontrado que la constancia y la resistencia son las únicas maneras de avanzar. La vida está llena de altibajos, pero es nuestra capacidad para seguir adelante, para no darse por vencido, lo que nos permite progresar.

Porque, incluso la suerte tiene una parte de voluntad. Richard Wiseman, un reconocido psicólogo británico, lleva años estudiando la suerte y ha llegado a algunas conclusiones fascinantes.

En su trabajo en la Universidad de Hertfordshire, donde ostenta la única cátedra de Entendimiento Público de la Psicología en el Reino Unido, ha analizado durante largo tiempo a individuos que se consideran afortunados. Su investigación le ha llevado a identificar cuatro factores claves que explican por qué ciertas personas parecen atraer más la buena fortuna que otras. Estas ideas las plasmó en su célebre obra *Nadie nace con suerte* y, como verás, nos retrotrae a algunas cosas que he ido deslizando en los capítulos anteriores.

Primera razón: confiar en la intuición. Los afortunados tienden a fiarse de su instinto y no se arrepienten de las decisiones que toman, incluso si estas conllevan consecuencias negativas. Ven cualquier resultado como una oportunidad para aprender y crecer. Un ejemplo palpable de esta razón se puede observar en la carrera de Steve Jobs, cofundador de Apple. A pesar de ser despedido de su propia compañía en 1985, confió en su intuición, aprendió de su fracaso y finalmente regresó a ella para liderarla a nuevas alturas, incluyendo el lanzamiento del iPhone.

Segunda razón: perseverar ante los fracasos. Los individuos afortunados no se dejan desalentar por ellos, sino que siguen adelante con la convicción de que las cosas mejorarán. Un ejemplo de esta mentalidad es el de Thomas Edison, quien, a pesar de miles de intentos fallidos, persistió en su empeño por desarrollar una bombilla eléctrica práctica y funcional.

Tercera razón: adoptar un enfoque positivo ante los cambios. Las personas afortunadas tienden a interpretar cualquier cambio inesperado no como un obstáculo, sino como una oportunidad para explorar nuevas experiencias. Además, tienden a valorar que las cosas podrían ser peores, por lo que saben aprovechar las ventajas que tienen a su alcance. Elon Musk, el fundador de SpaceX y Tesla, es un excelente ejemplo de esto. A pesar de enfrentarse a numerosas adversidades y contratiempos, siempre ha mantenido un enfoque optimista y ha aprovechado las oportunidades emergentes para innovar y avanzar en sus proyectos.

Cuarta razón: poseer una amplia red de contactos. Los afortunados interactúan con una gran variedad de personas, lo que aumenta sus probabilidades de conectar con otros afortunados o con aquellos que pueden ofrecerles nuevas oportunidades. Por ejemplo, Reid Hoffman, cofundador de LinkedIn, ha hecho de la creación de una amplia red de contactos una parte central de su estrategia empresarial, algo que ha resultado en una gran cantidad de oportunidades y éxitos.

Según Wiseman, una persona promedio conoce a unas trescientas personas, lo que equivale a la posibilidad de que noventa mil personas (amigos de amigos de amigos) puedan traernos oportunidades afortunadas a nuestra vida. Imaginemos que organizamos una cena para cincuenta personas: estaríamos tan solo a dos grados de separación de cuatro millones y medio de potenciales golpes de suerte. Esta vasta red de conexiones representa un mar de posibilidades para encontrar oportunidades afortunadas en lugares y personas inesperadas.

Sin embargo, a pesar de todo este esfuerzo, nada está garantizado. No existe un camino seguro hacia el éxito. Pero, en lugar de ver esto como un motivo para desesperar, prefiero verlo como un recordatorio de que el viaje es tan importante como el destino. La vida no es una serie de metas que alcanzar, sino un camino que recorrer. Y cada paso de este camino, cada fracaso, cada logro, es una parte de la rica montaña rusa de nuestras vidas.

En conclusión, el éxito es una mentira, pero una mentira que encierra una profunda verdad. No es el fin de la carrera ni el premio al final del camino. El verdadero éxito se encuentra en el camino mismo, en el esfuerzo que hacemos, en el conocimiento que adquirimos, en los fracasos de los que aprendemos y en la constancia con la que perseguimos nuestros sueños. Y, aunque nada esté garantizado, la belleza de la vida radica en el camino y no en el destino.

Todo este enfoque lleno de matices y advertencias sobre el éxito y el fracaso también debería reforzar una idea que he estado deslizando a lo largo de este libro: huye del relato estereotipado del triunfador. Del audaz e imprudente que simplemente se deja llevar por su olfato o un pálpito y lo invierte todo en ello.

Los buenos empresarios, de hecho, difieren en un punto esencial y contraintuitivo respecto al resto de la población. Es algo que sacó a la luz un estudio de 2004 de Hongwei Xu y Martin Ruef («The Myth of the Risk-Tolerant Entrepreneur») que incluyó a más de ochocientos estadounidenses, tanto empresarios como empleados adultos, a quienes se invitó a tomar una decisión. Se les pidió que escogieran cuál de las siguientes empresas les gustaría fundar:

a) Una empresa que generase 5 millones de dólares en ganancias con un 20 % de posibilidades de éxito.

b) Una empresa que generase 2 millones de dólares en ganancias con un 50 % de posibilidades de éxito.

c) Una empresa que generase 1,25 millones de dólares en ganancias con un 80 % de posibilidades de éxito.

La mayoría de los empresarios se inclinaron por la última opción, que ofrecía un menor rendimiento pero con una mayor probabilidad de éxito. Esto era independiente de factores como los ingresos, la riqueza, la edad, el sexo, la experiencia empresarial, el estado civil, la educación, el tamaño del hogar y las expectativas basadas en el rendimiento de otras empresas.

Como concluyeron los autores del estudio: los emprendedores son significativamente más reacios al riesgo que la población en general.

Aunque estos resultados se basan en las respuestas a una encuesta, y por lo tanto solo expresan preferencias y no acciones concretas, cuando se observa el comportamiento real de los empresarios, se hace evidente que tienden a evitar riesgos innecesarios. Los economistas han descubierto que, durante su adolescencia, los emprendedores exitosos eran casi el triple de propensos a romper las reglas y participar en actividades ilícitas que sus compañeros. Sin embargo, al analizar más detenidamente las acciones específicas que llevaron a cabo, se descubrió que los adolescentes que al final fundaron empresas exitosas solo asumieron riesgos que habían sido calculados con gran cuidado.

En pocas palabras, estos hallazgos sugieren que los emprendedores exitosos no son necesariamente grandes amantes del riesgo. En lugar de eso, prefieren opciones más seguras y calculadas, evitando los riesgos peligrosos en favor de aquellos que han sido evaluados y considerados con gran cuidado.

Un estudio con miles de estadounidenses realizado por Laura Niemi y Sara Cordes («The Arts and Economic Vitality: Leisure Time Interest in Art Predicts Entrepreneurship and Innovation at Work») mostró hallazgos interesantes con respecto a los emprendedores y los inventores. Aquellos individuos que habían iniciado negocios o habían solicitado patentes tendían a tener aficiones relacionadas con las artes, como el dibujo, la pintura, la arquitectura, la escultura y la literatura, en una proporción mayor que sus pares que no se involucraban en tales actividades.

Este vínculo entre las artes y las personas emprendedoras o inventivas no es una mera coincidencia. La inclinación hacia las artes entre empresarios, inventores y científicos de renombre refleja claramente su curiosidad innata y su habilidad para pensar de manera diferente. Las personas que están abiertas a nuevas formas de contemplar la ciencia y los negocios suelen estar también fascinadas por la expresión de ideas y emociones a través de imágenes, sonidos y palabras. Este es un reflejo de su apertura mental y su capacidad para ver las cosas desde múltiples perspectivas, cualidades que son valiosas en el mundo del emprendimiento y la invención.

Sin embargo, la relación entre las artes y la creatividad empresarial no es simplemente unidireccional. No es solo que un tipo particular de individuo creativo se sienta atraído por las artes, sino que estas también funcionan como una poderosa fuente potente de inspiración y creatividad. Participar en actividades artísticas puede estimular el pensamiento lateral, promover la innovación y fomentar la capacidad de ver conexiones inusuales, todas ellas habilidades cruciales para los empresarios y los inventores.

En resumen, el estudio arrojó luz sobre cómo la afición por las artes puede desempeñar un papel fundamental en la promoción de la mentalidad empresarial e inventiva. Esta conexión subraya la importancia de las artes en la formación de individuos creativos y de mentalidad abierta, quienes a su vez pueden contribuir significativamente a la innovación y al progreso en diversos campos. También resalta que si aspiras a ser un buen emprendedor no debes centrarte solo en este tema. Debes cultivar otras facetas de tu vida y cuidarlas.

Hasta ahora hemos hablado del crecimiento a nivel empresarial, económico y material. Sin embargo, no debes olvidarte de otro tipo de crecimiento tan o más importante: el personal.

Embarcarte en la aventura de aprender, sobre todo, es una experiencia que te hará crecer como persona. Te permitirá conocer tus propios límites. Mejorará tus habilidades sociales, culturales y hasta cognitivas.

Emprender es como ir al gimnasio. Con la diferencia de que no solo ejercitarás los bíceps, sino innumerables facetas de ti. Las pulirás una y otra vez, en función de las circunstancias y las necesidades, como si lo hicieras con un diamante en bruto. Tras el proceso de crucero, aserrado, desbastado, talla en cruz y abrillantado, siguiendo con la metáfora, te acabarás convirtiendo en un diamante multifacetado que podría exhibirse en las mejores joyerías del mundo.

Quizá suena exagerado, pero es verdad.

Emprender es un *tour de force* que pone a prueba el temple, la inteligencia, la audacia y las emociones de cualquiera. Es como embarcarse un viaje hacia lo desconocido. Similar a formar parte de la tripulación de la expedición marítima capitaneada por Cristóbal Colón. Lo esperes o no, descubrirás un Nuevo Mundo.

Tu empresa, además, es una extensión de ti.

Así, el viaje del emprendimiento y el desarrollo de una empresa puede ser comparado con el concepto de *affordance*, presentado por James J. Gibson en su obra *The Ecological Approach to Visual Perception*, de 1979. En el contexto empresarial, la *affordance* sería la percepción de oportunidades, similares a cómo vemos y entendemos las funcionalidades de un objeto.

Pensemos en una empresa como una silla. Cuando observamos esta última, no solo nos enfocamos en su forma o color, también percibimos su utilidad: podemos sentarnos en ella. Del mismo modo, cuando vemos una empresa o una idea de negocio, no solo contemplamos la entidad en sí, sino también las oportunidades y los beneficios que ofrece, como la generación de empleo, la resolución de problemas o la creación de valor. Estas oportunidades son las *affordances* que ofrece la empresa.

Sin embargo, la percepción de estas oportunidades depende tanto de la empresa en sí como del observador o el emprendedor. Así como una persona en silla de ruedas puede no percibir la *affordance* de subir por una escalera, un emprendedor sin la preparación o visión adecuadas puede no captar las *affordances* positivas que puede ofrecer un negocio. En este sentido, el crecimiento personal y la formación continua son fundamentales para aumentar la capacidad de percepción y aprovechamiento de estas *affordances*. Esto, a su vez, mediante retroalimentación, hará aumentar tus *affordances* personales.

El diseño de una empresa también desempeña un papel importante en este contexto, similar al rol del diseño en la percepción de *affordances* de un producto. Al igual que los diseñadores intentan maximizar las *affordances* positivas y minimizar las negativas, los emprendedores deben esforzarse por maximizar las oportunidades positivas que su empresa puede ofrecer y minimizar las posibles dificultades. Por ejemplo, una empresa que ofrece un servicio intuitivo y fácil de usar está maximizando las *affordances* positivas para sus clientes.

Por lo tanto, la empresa, como un objeto en la teoría de Gibson, no solo es un ente en sí, sino también un vehículo de oportunidades y crecimiento personal, tanto para sus creadores como para la sociedad en general.

No lo olvides: este es un viaje y, como todo viaje,

inadvertidamente te permitirá descubrir cosas que no sabías que existían (incluso sobre ti mismo), y regresar a casa con las alforjas llenas de experiencias y recuerdos. Porque, como todo buen viajero sabe, explorar nuevos lugares, donde nadie conoce tu nombre, te enseña más sobre ti mismo que sobre esos sitios.

9

Lo verdaderamente importante

Al final de tu vida, nunca te arrepentirás de no haber pasado una conferencia de negocios adicional, de no haber cerrado una venta más, de no haber resuelto un problema judicial más o de no haber reorganizado mejor tu casa. Lamentarás el tiempo no dedicado a un esposo, un amigo, un niño, un padre.

Barbara Bush, *Reflections: Life After the White House*

Inspirado por las ideas de Demócrito, Aristóteles y los cínicos, Epicuro decidió tomar un camino diferente al de las enseñanzas platónicas. En un gesto revolucionario fundó su propia institución educativa en Atenas, a la que llamó El Jardín. Esta escuela destacaba por su inclusión y apertura, ya que rompía con las convenciones de la época al permitir el acceso a mujeres, personas que ejercían la prostitución y esclavos, todos ellos grupos marginados en el ámbito académico de aquel tiempo.

Empezaba a fundarse el estoicismo.

Los estoicos, aplicando su capacidad de razonamiento al estudio de la naturaleza humana, desarrollaron una serie de técnicas mentales con el fin de manejar situaciones de estrés, adversidad y dolor. Entendieron que la serenidad es la clave para una vida plena y feliz, y propusieron que cualquier individuo puede alcanzarla a través de la práctica y el desarrollo de la racionalidad, la virtud y la autodisciplina.

Pero, a mi modo de ver, aportaron algo mucho más importante a quienes aspiran a comerse el mundo: aprender a ver las cosas con perspectiva.

Es relevante subrayar que los estoicos enfatizaban la sencillez y la moderación como ingredientes esenciales para la felicidad. De acuerdo con su filosofía, el deseo excesivo de dinero o reconocimiento es un desvío en el camino hacia la verdadera satisfacción. Existe un flujo infinito de riqueza y fama que podemos anhelar siempre, y nuestra naturaleza insaciable puede cegarnos, impidiendo que apreciemos y disfrutemos de lo que ya poseemos. Según los estoicos, un sendero más confiable hacia la felicidad y la plenitud reside en cultivar la virtud y vivir una vida de valor y principios sólidos.

Ahora, en el penúltimo capítulo de este libro, ya tienes todas las cartas sobre la mesa. Tienes delante de ti los pros y contras de emprender.

Conoces las dificultades a las que te enfrentarás (y muchas más que aún no sabes que existen), y también las cimas que coronarás, como aquel día que me rompí una pierna y decidí ascender al Everest (metafóricamente hablando).

Sin embargo, más allá de toda la teoría y práctica que lleves almacenada en tus alforjas, no deberías perder la perspectiva de lo que verdaderamente te hace feliz. Lo que verdaderamente justifica que estés en este mundo.

Lo que verdaderamente echarás de menos cuando todo llegue a su fin.

Lo haces porque te lo pasas bien

No olvides por qué has empezado a emprender. Lo haces porque, a pesar de las adversidades, te hace feliz, te hace sentir competente, y te proporciona una sensación de control y dirección sobre tu vida. A pesar de todo, lo haces porque te da algo bueno. Ya sea porque te va la marcha, porque eres ambicioso o sencillamente porque quieres hacer realidad tus sueños.

Pero no sobrepases los límites del juego.

Imagina que empiezas una partida al Monopoly. A veces ocurre que olvidas por qué lo has hecho: para pasártelo bien, para estar un rato con tus amigos, para matar el tiempo. Lo que sea. Sin embargo, sin darte cuenta, la partida deriva en algo tóxico. Te puedes picar con alguien o incluso plantearte hacer trampas para ganar. Empiezas a discutir, a enemistarte, a sentir rabia, frustración o resentimiento.

Al final, lo que era un simple juego acaba por dejarte un mal sabor de boca.

En mi aventura con Internxt no te negaré que ha habido momentos en los que lo he pasado mal. Días de estrés, momentos de ansiedad, noches enteras sin pegar ojo, trabajando porque se han caído los servidores.

A veces, las preocupaciones son tantas que lo único que domina tu espacio mental es la empresa. Te pasas el día pensando y trabajando en ella y, al despertar de un sueño poco reparador, descubres que también has tenido pesadillas en las que tu empresa era la protagonista.

Es cierto que, cuando alcanzas ciertos niveles de éxito material, pero la felicidad parece eludirte, puede ser el momento adecuado para tomarte una pausa, reflexionar y reconsiderar tus objetivos y motivaciones. Este consejo viene respaldado por numerosos estudios científicos en el campo de la psicología.

Uno de los más citados sobre este tema es el realizado por los psicólogos Daniel Kahneman y Angus Deaton, de la Universidad de Princeton. En su investigación, publicada en 2010, encontraron que el aumento de ingresos mejora la satisfacción con la vida hasta un punto (cerca de 75.000 dólares al año). Sin embargo, ganar más dinero que esa cantidad no aumenta la felicidad diaria ni reduce la angustia emocional.

Este estudio sugiere que la búsqueda continua de mayores ingresos y el estatus asociado a ellos puede no llevar a la felicidad esperada, especialmente si esto distrae de otras facetas valiosas de la vida.

En consecuencia, se sugiere que en lugar de perseguir ciegamente la riqueza y la fama, es mejor centrarse en aquello que de verdad da valor a nuestras vidas. Esto puede variar de una persona a otra, pero a menudo incluye relaciones saludables y significativas, experiencias enriquecedoras, el desarrollo personal y una contribución positiva a la sociedad.

En una línea similar, otro estudio llevado a cabo por la psicóloga Sonja Lyubomirsky sugiere que el 10 % de nuestra felicidad está determinado por nuestras circunstancias vitales (como los ingresos), mientras que el 40 % está bajo nuestro control, a través de nuestras acciones, pensamientos y actitudes. Este estudio reafirma la idea de que las cosas más importantes de la vida, y por ende nuestra felicidad, pueden estar más relacionadas con cómo elegimos vivir y las actitudes que adoptamos frente a la vida, que con las metas materiales que alcanzamos.

La tiranía de los objetivos

La felicidad, ese estado de satisfacción, realización y gozo que todos anhelamos, es a menudo elusiva, no solo por la dificultad que conlleva su medición y registro, sino también, y de manera más significativa, por su pronóstico. Como se suele decir, la vida es lo que sucede mientras nos ocupamos de planificarla, aludiendo a la paradoja de que la felicidad puede residir en los momentos imprevistos y espontáneos, en lugar de los hitos cuidadosamente planificados.

Múltiples estudios respaldan esta noción y sugieren que, en esencia, somos inherentemente incapaces de determinar con precisión qué nos proporcionará felicidad o infelicidad en el futuro. Incluso, la magnitud de dichos sentimientos es del mismo modo inescrutable para nuestras proyecciones.

Por ejemplo, las personas que tratan de imaginar cómo se sentirán en el futuro tras sufrir una enfermedad crónica suelen concebir un futuro mucho más negro que el que realmente experimentarán. Al fin y al cabo, todos tendemos a acostumbrarnos a nuestras situaciones, tanto para lo malo (como en este caso hipotético) como para lo bueno.

Porque, del mismo modo, si nos prometieran vivir el resto de nuestra vida en una casa en una playa paradisiaca con todos los gastos pagados, es probable que muchos afirmarían que por fin habrían encontrado la felicidad. Sin embargo, transcurrido el suficiente tiempo, el estímulo hedónico que proporciona la casa, la playa y hasta los gastos pagados acaba por menguar. Incluso hasta el punto de que se puede acabar odiando la playa, por completo aburrido de estar siempre en el mismo lugar.

Tienes que pensar en la felicidad como algo elástico.

En el campo de la psicología, el término «adaptación» se refiere al proceso evolutivo y dinámico mediante el cual nos acostumbramos a una situación, objeto o concepto específicos hasta el punto de que finalmente se convierte en algo familiar para nosotros. Abarca tanto los cambios internos que se producen en nuestra mente como las modificaciones en nuestra conducta ante nuevas circunstancias.

Aunque nuestras circunstancias y entorno pueden desempeñar un papel crucial en la configuración de nuestras percepciones y emociones, el poder de la adaptación psicológica a menudo resta importancia a estos factores. Es decir, a medida que nos adaptamos a nuestras circunstancias, ya sean positivas o negativas, su impacto en nuestra felicidad o bienestar tiende a disminuir con el tiempo. Este fenómeno se conoce en psicología como «adaptación hedónica».

Además, existe otro factor importante que considerar en esta ecuación: la cantidad de cosas que deseamos o que podemos obtener. En una sociedad caracterizada por la comparación social y la competencia, a menudo anhelamos lo que otros tienen. Curiosamente, en lugar de aumentar nuestra satisfacción, este deseo constante y la posibilidad de adquirir más bienes o logros tienden a incrementar nuestra ansiedad.

Por tanto, el deseo insaciable de adquirir lo que otros tienen puede resultar en un ciclo de infelicidad perpetua, ya que siempre habrá algo nuevo que anhelar. A esta inquietud, generada por la constante necesidad de conseguir más, se la conoce como «ansiedad de comparación social». Este fenómeno evidencia cómo nuestros deseos y expectativas, más que nuestras circunstancias actuales, pueden ser una fuente significativa de estrés e infelicidad en nuestra vida cotidiana.

Avanzando en este hilo de reflexión, emergen cuestiones relativas a nuestra obsesión con los objetivos. Cada vez más investigaciones sugieren que vivimos en una era en la que la ambición de alcanzar metas y propósitos se ha intensificado hasta tal grado que hemos quedado absorbidos por el proceso de su consecución. En este marco es habitual que la realización de un objetivo venga acompañada de una sensación de anticlímax, una decepción posterior a la efímera euforia del logro.

Para combatir esta sensación de vacío tendemos a establecer un nuevo objetivo, quizá más ambicioso, en un ciclo interminable de aspiraciones y realizaciones. Sin embargo, esta obsesión con los objetivos puede llevar a perder de vista el viaje mismo, los pequeños momentos de felicidad y aprendizaje que se dan a lo largo del camino hacia la meta.

Quizá el desafío radique en hallar un equilibrio entre nuestra aspiración a lograr metas significativas y nuestra capacidad para disfrutar del proceso, de apreciar los pequeños momentos de felicidad y contento que encontramos en el camino, sin dejar que el anticlímax inevitable del logro empañe nuestra capacidad para gozar del presente.

Adam Alter, en su libro *Irresistible* (2018), lo resume de forma inigualable:

> Como la maldición que condenó a Sísifo a empujar una roca cuesta arriba por una montaña eternamente, cuesta no preguntarse si los grandes objetivos de la vida no son, por naturaleza, una gran fuente de fustración, ya sea porque debes afrontar el anticlímax del éxito o la decepción del fracaso. Todo esto cobra ahora más relevancia que nunca porque tenemos razones sólidas para creer que vivimos en una era sin precedentes, en la que impera la cultura del objetivo, protagonizada por el perfeccionismo adictivo, la autoevaluación, largas jornadas trabajando y pocas disfrutando de nuestro tiempo.

El establecimiento y la persecución de metas, así como la corrección de nuestros fallos, no son en sí mismos aspectos perjudiciales. El verdadero problema surge cuando otorgamos una importancia desmedida a estos objetivos, elevándolos a la categoría de prioridad absoluta o, lo que es aún peor, cuando los vemos como el único camino hacia una futura felicidad.

El fenómeno subyacente a la incesante persecución de objetivos es que dedicamos un volumen de tiempo considerable a la consecución de metas en lugar de disfrutar del éxito ya alcanzado. E incluso en los casos donde se obtiene el objetivo, la experiencia de éxito resulta fugaz.

Porque, cuando visualizas la vida como una secuencia interminable de objetivos a cumplir, te sumerges en un estado de insatisfacción prácticamente permanente. Inviertes la mayoría de tu tiempo en un estado de separación de lo que has identificado como la encarnación del logro o del éxito. Y si llegas a conquistar dichos objetivos, experimentas una pérdida, la pérdida de lo que te daba un sentido de propósito, por lo que terminas delineando un nuevo objetivo y empiezas desde cero una vez más.

Este círculo vicioso, este carrusel de metas que siempre parece girar un poco más rápido de lo que podemos seguir, puede llevarnos a una sensación de vacío y descontento crónicos. Corremos el riesgo de caer en una trampa autoimpuesta, en la que el éxito es siempre un paso adelante, una meta más allá, y la felicidad se vuelve esquiva, siempre fuera de nuestro alcance.

Por tanto, es importante aprender a equilibrar nuestras ambiciones con nuestra capacidad para disfrutar del presente y apreciar los logros ya alcanzados. Nuestro enfoque no debe estar únicamente en el horizonte lejano de metas futuras, sino también en el paisaje que ya hemos atravesado y en los logros que hemos cosechado. Necesitamos aprender a encontrar la satisfacción no solo en las metas alcanzadas, sino también en el proceso de crecimiento y aprendizaje que implica cada viaje hacia el logro de una meta.

A pesar de que objetivamente estamos mejor en muchas cosas (menos homicidios, mayor riqueza y prosperidad, más comodidades, más esperanza de vida…) las encuestas sobre la felicidad que se realizan en los países del primer mundo resultan desoladoras: en muchos de ellos, la gente no parece ser más feliz que antes, sino menos.

Es lo que constata, por ejemplo, un instrumento de análisis de tuits y una investigación llevada a cabo por académicos de la Universidad de Chicago. Los investigadores identificaron el periodo de dos semanas tras el 26 de mayo de 2020 como el «más triste» en la historia de Twitter.

Chris Danforth y Peter Dodds, matemáticos de la Universidad de Vermont en Burlington, han diseñado una forma de medir la felicidad o tristeza relativas en Twitter, en múltiples idiomas, a través de una herramienta denominada «hedonómetro». Concebida en 2008, se dedica a examinar diariamente un 10 % de tuits escogidos al azar en un idioma específico. Coteja las palabras encontradas en estos tuits con una base de datos de más de diez mil términos que un grupo de cincuenta personas ha calificado en una escala que va de la felicidad (9) a la tristeza (1), de acuerdo con la información del sitio web del hedonómetro.

Los investigadores detectaron un descenso considerable y continuado en los niveles de felicidad expresados en Twitter en inglés a partir de mediados de marzo, coincidiendo con el agravamiento de la pandemia de la covid-19 en Estados Unidos. Posteriormente, el 25 de mayo, un oficial de policía de Minneapolis, Derek Chauvin, asesinó a George Floyd, lo que acabó desatando protestas a nivel nacional contra la brutalidad policial y generó una ola de activismo e indignación en las redes sociales.

Estos hallazgos coinciden con otros estudios que examinan el bienestar de los ciudadanos estadounidenses a lo largo del tiempo. Entre estos se incluyen los datos recientemente divulgados del «Estudio de seguimiento de respuestas covid» llevado a cabo por el Centro Nacional de Investigaciones de Opinión (NORC, por sus siglas en inglés) de la Universidad de Chicago.

Este estudio, que se realizó a principios de mayo de 2020 y contó con la participación de 2.279 adultos, reveló que la población estadounidense actual se encuentra en su nivel más bajo de felicidad en medio siglo.

La encuesta reveló que solo el 14 % de los estadounidenses se autodefinen como «muy felices», en contraste con el 31 % que se describieron así en 2018. Notablemente, el porcentaje de personas que se consideran «muy felices» no ha bajado por debajo del 29 % desde que el NORC inició estas encuestas en 1972.

Estos datos pintan un retrato bastante sombrío del estado de ánimo colectivo de esta nación.

Y también de ti mismo.

A veces trabajas más, te preocupas más e inviertes más años de tu vida en algo simplemente por ganar un poco más de poder adquisitivo. Esto se traduce en comprarte un coche más caro. Y luego otro. O decides viajar a un lugar remoto que está de moda. Sin apenas darte cuenta has entrado en un círculo vicioso en el que cada vez te hace falta más y, también, cada vez es más difícil colmar esas necesidades.

Si estás amargado porque no llegas a final de mes, porque no puedes pagar nóminas, porque dedicas tanto tiempo a trabajar que tu relación de pareja está a punto de saltar por los aires... entonces has sobrepasado los límites del juego. Has olvidado qué haces, por qué lo haces y qué quieres lograr. Y, sobre todo, has olvidado lo más importante, aquello en lo que está al menos de acuerdo la mayoría de la gente.

Según una investigación realizada por los académicos Robin Kowalski y Annie McCord, de la Universidad de Clemson, y publicada en *The Journal of Social Psychology*, hay una lista de consejos esenciales que los individuos darían a sus versiones más jóvenes, basándose en sus propias experiencias y reflexiones personales.

Este interesante estudio contó con la participación de varios cientos de voluntarios, todos con la sabiduría que otorga la vida después de los treinta años, a quienes se les pidió que respondieran a una serie de preguntas profundas y autodescriptivas. En la arena del dinero y las relaciones, estudios precedentes ya habían mostrado que los lamentos acerca de nuestras acciones, o la ausencia de estas, a lo largo de nuestra existencia tienden a categorizarse en seis dominios generales. Siguiendo esta línea, las respuestas obtenidas en este nuevo estudio se organizaron en cinco categorías esenciales:

1. **Dinero:** ahorrar más dinero y no gastar de manera imprudente.
2. **Relaciones:** evitar casarse por razones monetarias u otros motivos superficiales y, en cambio, optar por alguien cuyos carácter y personalidad armonicen con los tuyos.
3. **Educación:** completar la educación formal y no elegir una carrera o especialización simplemente por influencia ajena, en especial si no te apasiona, ya que lo más probable es que termines detestándola.
4. **Autopercepción:** seguir el camino que te apasiona, sin importar la opinión o el juicio de los demás.
5. **Objetivos de vida:** persistir en tus esfuerzos, establecer metas claras y permitirte viajar y explorar más.

Entre los consejos que destacaron por su frecuente repetición, algunos de los más impactantes fueron:

- «El dinero es una trampa social, que puede limitar tus decisiones y libertades».
- «Lo que haces dos veces puede fácilmente convertirse en un hábito; por lo tanto, debes ser consciente de los hábitos que estás formando».

- «Nunca tomes una decisión basada en el miedo, sino en la convicción y el discernimiento».

Además, el estudio también exploró si los participantes habían empezado a implementar los consejos que deseaban haber conocido en su juventud. Sorprendentemente, alrededor del 65 % de los encuestados afirmó que había empezado a seguirlos y que este cambio les había ayudado a moldear la persona que aspiraban a ser, en lugar de conformarse simplemente con lo que la sociedad les prescribía. Este hallazgo subraya la importancia de la introspección y el aprendizaje continuo en el viaje de la vida, y resalta cómo nuestros errores pasados pueden convertirse en valiosas lecciones para nuestro crecimiento personal.

En resumen, de los consejos que te he ofrecido en este libro, hay uno que está por encima de todos, desde mi punto de vista y (como has visto) desde el punto de vista de la ciencia: llama más a tu madre.

No lo olvides. Los dos bastiones de tu felicidad son tu familia (o a quienes hayas escogido como tal) y tu salud.

Trabajar enfermizamente te privará de ambas cosas.

Desconectar para reconectar

En un reciente análisis que involucró a un millón de adolescentes estadounidenses, Jean Twenge, profesora de Psicología, junto con su equipo de la Universidad de San

Diego, rastrearon las actividades de ocio que parecen estar correlacionadas con los niveles de felicidad. Este estudio podría proporcionar algunas pistas para entender el sorprendente declive en los niveles de felicidad de los adolescentes observado desde 2012.

El equipo de investigación halló que los adolescentes que dedicaban más tiempo a encontrarse con amigos en persona, hacer ejercicio, participar en actividades deportivas, leer o incluso realizar tareas escolares, experimentaban niveles más altos de felicidad. Por el contrario, aquellos adolescentes que invertían más tiempo en internet, jugando a los videojuegos, navegando por las redes sociales, enviando mensajes de texto, haciendo videoconferencias o viendo la televisión reportaban ser menos felices.

Dicho de otro modo, cualquier actividad que no implicara el uso de una pantalla estaba asociada a un mayor nivel de felicidad, mientras que aquellas que sí se asociaban a una pantalla estaban relacionadas con un menor nivel de felicidad. La discrepancia fue significativa: los adolescentes que pasaban más de cinco horas al día online eran el doble de propensos a estar insatisfechos que aquellos que pasaban menos de una hora al día.

Esto no implica que debamos abandonar por completo la tecnología. Sin embargo, este estudio se suma a un creciente cuerpo de investigaciones que sugieren la necesidad de un enfoque más moderado y equilibrado en su uso.

En lugar de renunciar a la tecnología, los hallazgos sugieren que limitar el tiempo frente a la pantalla y promover actividades que fomenten la interacción social directa, el ejercicio físico y el compromiso mental pueden ser estrategias efectivas para mejorar el bienestar y la felicidad de los adolescentes. Este tipo de equilibrio puede ser especialmente importante en una era dominada por la tecnología digital, donde las pantallas son una parte omnipresente de la vida cotidiana.

En definitiva, a menudo debes preocuparte más de desconectar para reconectar con lo que te rodea, sobre todo tu familia, tus amigos, tu pareja y tu cuerpo. Todo aquello que te das cuenta de cuán importante era cuando precisamente lo has perdido.

10

SÉ LIBRE

A mediados de los años noventa, una serie de expertos se sintieron intrigados por la cuestión de cómo gestionaban los fundadores de las empresas el rumbo de sus negocios. Bajo el liderazgo del sociólogo James Baron, llevaron a cabo entrevistas con los fundadores de unas doscientas startups tecnológicas ubicadas en el corazón de la innovación, Silicon Valley. Estas compañías abarcaban una amplia gama de sectores, incluyendo el hardware y el software, las telecomunicaciones y las redes, los dispositivos médicos y la biotecnología, así como la fabricación de semiconductores.

Baron y su equipo estaban interesados en entender los planes de acción y las estrategias originales de los fundadores. A lo largo de su investigación identificaron tres modelos dominantes: el modelo profesional, el estelar y el de compromiso.

El modelo profesional ponía énfasis en la contratación de candidatos con habilidades técnicas específicas. Por ejemplo, los fundadores que lo seguían buscarían contratar ingenieros expertos en JavaScript o C++.

Por otro lado, el modelo estelar no se centraba tanto en las habilidades actuales, sino más bien en el potencial de crecimiento y desarrollo. Los fundadores que lo preferían solían seleccionar a los candidatos más brillantes y prometedores, aquellos que, a pesar de no tener un gran conocimiento en un área particular, demostraban poseer la capacidad intelectual para adquirirlo.

Finalmente, el modelo de compromiso se basaba en una forma de contratación completamente diferente. Si bien se valoraban las habilidades y el potencial, lo más importante para los fundadores que seguían este modelo era la adaptación cultural. Buscaban personas que pudieran encajar y resonar con los valores y las normas de la empresa.

Mientras que los fundadores que adoptaban los modelos profesional y estelar proporcionaban a sus empleados autonomía y tareas desafiantes, aquellos que seguían el modelo de compromiso se esforzaban por construir fuertes vínculos emocionales entre los empleados y la organización.

El objetivo del estudio de Baron («Organizational Blueprints for Success in High-Tech Start-Ups: Lessons from the Stanford Project on Emerging Companies») era determinar qué modelo de los tres predecía un mayor éxito para las empresas.

Tras observar a las empresas durante la explosión de internet en los años noventa y posteriormente tras el estallido de la burbuja de las puntocom en la década de 2000, se hizo evidente que un modelo sobresalía por encima de los demás: el de compromiso.

Las empresas fundadas bajo este modelo no registraron ninguna tasa de fracaso. Por el contrario, aquellas que se regían por los modelos estelar y profesional experimentaron tasas de fracaso significativas; en concreto, el modelo profesional registró más del triple de fracasos.

Además, las empresas que seguían el modelo de compromiso también tuvieron más posibilidades de realizar una oferta pública inicial. Las probabilidades de una IPO eran el triple en comparación con el modelo estelar y más del cuádruple que en el modelo profesional.

Sin embargo, una vez que la organización alcanza un cierto grado de madurez, el pensamiento de grupo puede convertirse en un impedimento para el rendimiento de la empresa, dado que a menudo inhibe los procesos de innovación tan necesarios en el dinámico entorno de negocios actual.

En su libro *Originales: cómo los inconformistas mueven el mundo* (2017), Adam Grant propone que una forma efectiva de prevenir el pensamiento de grupo es fomentar una «cultura de pensar diferente».

Esto implica valorar y tener en cuenta los puntos de vista de los miembros disidentes o aquellos con formas de pensar distintas a las predominantes. Grant enfatiza la importancia de las perspectivas minoritarias, no necesariamente porque prevalezcan, sino porque impulsan la atención y el pensamiento divergente. Incluso cuando estos puntos de vista son incorrectos, contribuyen a la identificación de nuevas soluciones y decisiones que, tras evaluarse, resultan ser cualitativamente superiores.

Así que la cohesión es importante. Los procesos y los consejos, también. Sin embargo, no podemos olvidar la originalidad, el pensamiento propio y el pensamiento disidente.

Con esto quiero decirte que: este libro no es una guía para seguir al pie de la letra, sino para construir tu propia visión de las cosas.

Prueba, aprende y adapta.

Piensa diferente.

Sé tú mismo.

Incluso puedes escribirme, si así lo deseas, para matizar, cuestionar o impugnar mis palabras.

Ray Dalio, el fundador de Bridgewater Associates, uno de los mayores fondos de inversión en el mundo, ha implementado una serie de herramientas y metodologías únicas en su empresa para mejorar la toma de decisiones y la eficiencia. Una de estas herramientas es la «bitácora de problemas».

Se trata de un registro detallado y sistemático de los problemas o desafíos que los miembros del equipo han encontrado. Estos se documentan tan pronto como se detectan, y luego se analizan para identificar patrones de errores o áreas de mejora.

Esta herramienta permite a Dalio y a su equipo aprender de sus errores y mejorar de manera constante sus procesos. La idea es que, al anotar y analizar los problemas, los empleados pueden reflexionar sobre las causas fundamentales de los errores, en lugar de simplemente corregir el problema inmediato y seguir adelante.

Por consiguiente, la bitácora de problemas de Dalio es una herramienta de gestión que enfatiza la mejora continua, la reflexión y el aprendizaje a partir de los errores. Al identificar y documentar los problemas, Dalio y su equipo pueden trabajar en soluciones efectivas y prevenir la repetición de los mismos errores en el futuro.

Extrapolemos la idea a este libro.

Que sea tu brújula, pero no tu cadena. Que sea, también, tu bitácora de problemas para tachar y reescribir lo que consideres oportuno.

Mientras, recuerda: fracasar es normal, debes intentar ser racional y calculador, sé humilde, inteligente, diversifica, trabaja duro, rodéate de un buen equipo. Y, lo más importante. No olvides que decidiste lanzarte de lleno en esta aventura de emprender porque te hacía feliz intentarlo. Recuérdalo siempre, y no te encadenes a la idea de ser emprendedor si te ha dejado de motivar. Sé crítico contigo mismo, diviértete, experimenta, aprende y evoluciona. Hagas lo que hagas. Solo se vive una vez.

A partir de aquí, sé libre y disfruta del apasionante camino de emprender, si es el que tu cuerpo te pide andar ahora.

«Para viajar lejos no hay mejor nave que un libro».

Emily Dickinson

Gracias por tu lectura de este libro.

En **penguinlibros.club** encontrarás las mejores
recomendaciones de lectura.

Únete a nuestra comunidad y viaja con nosotros.

penguinlibros.club

Penguin
Random House
Grupo Editorial

penguinlibros